U0947997

金牌电话营销

做电话营销金牌培训师

雷铠心◎著

中国财富出版社

图书在版编目（CIP）数据

金牌电话营销：做电话营销金牌培训师／雷铠心著．—北京：中国财富出版社，2015.7

ISBN 978－7－5047－5792－0

Ⅰ.①金…　Ⅱ.①雷…　Ⅲ.①推销—方法　Ⅳ.①F713.3

中国版本图书馆 CIP 数据核字（2015）第 157731 号

策划编辑　吴伊文　　责任编辑　姜莉君
责任印制　方朋远　　责任校对　杨小静　　责任发行　邢有涛

出版发行　中国财富出版社
社　　址　北京市丰台区南四环西路 188 号 5 区 20 楼　　邮政编码　100070
电　　话　010－52227568（发行部）　　010－52227588 转 307（总编室）
　　　　　010－68589540（读者服务部）　　010－52227588 转 305（质检部）
网　　址　http：//www.cfpress.com.cn
经　　销　新华书店
印　　刷　北京京都六环印刷厂
书　　号　ISBN 978－7－5047－5792－0/F·2426
开　　本　710mm×1000mm　1/16　　版　　次　2015 年 7 月第 1 版
印　　张　14.5　　印　　次　2015 年 7 月第 1 次印刷
字　　数　223 千字　　定　　价　35.00 元

前言

电话营销是一种高效率、低成本的销售模式，这种销售模式不仅可以快速接触到客户，而且可以通过更方便、更快捷的办法挖掘潜在客户，所以也更容易获取较高的经济效益，被广泛应用于各个行业。

电话营销说到底是一种声音语言的魅力艺术，而声音语言具有非常强大的功效。假若一个人善于驾驭语言，倚仗说话进行推销，不费吹灰之力就可以获取业绩，甚至可以不战而胜。语言就好比无形的刀剑，像风一般无孔不入，杀伤力与穿透力甚至比真正的刀剑更强。而电话营销就是将这种语言功效发挥到极致的“刀剑”。

那么，是不是不管是谁拿起电话都可以取得很好的营销业绩？当然不是。电话营销实际上也是一门学问，同样需要一定的技巧。只有弄明白了这门学问、掌握了这种技巧，才有可能获取突出的业绩。

作为一名电话营销人员，你在工作中是否遇到和思考过以下问题：如何快速找到目标客户？如何轻松绕过接线员？怎样的开场白最能激发客户的兴趣？如何了解客户的实际需求和底线？如何应对客户的拒绝借口？如何在最短的时间内搞定销售订单？如何提升销售业绩？以上这些问题正是本书所要解答的。

本书突破传统电话营销框架，全面升级电话营销，重塑电话营销流程，并精心提炼若干重要的谋略和方法，数十位销售高手的实战经验，真实场景的模拟实训，教你快速找到目标客户，了解客户的需求和底线，巧妙化解客户异议，有效赢得客户。本书适合电话营销从业人员以及电话营销团队管理者阅读，也可以直接作为电话营销培训教材使用。

衷心祝愿你通过对本书的学习，可以认识到电话营销的精髓，创建一套属于自己的电话营销方法，使自己的销售业绩得到大幅度提高，在最短的时间内成为客户无法拒绝的人！

作　者

2015 年 3 月

准备篇

素养篇

沟通篇

成效篇

售后篇

准备篇

第一章
好业绩是“打”出来的

现在，市场竞争越来越激烈，电话营销作为一种可以帮助企业赚取更多利润的营销模式，正在慢慢地为众多企业所采用，且对社会发展具有强大的影响力。电话营销作为一种营销手段，可以使企业在一定的时间范围内，快速地把信息传递给目标客户，及时将抢占目标市场。

岗位认知：知道什么是电话营销

电话营销最早兴起于20世纪80年代的美国，而随着市场经济的发展，在我国也逐渐流行起电话营销这种简单便捷的销售方式了。电话营销是通过电话或传真等通信技术，对某一目标客户或目标市场进行一对一互动式的一种行销模式。目的是为提高公司形象，扩大企业知名度、客户群，提高客户满意度。它是维系客户关系的一种市场营销手法，是提升企业价值的一种手段，也是一种低成本、高效率的行销模式。

电话营销是一个需要较强的心理承受力及应变能力、流利的口头表达能力和一定技术含量的行业，不像一般人想象得那样简单、容易。

1. 电话营销的分类

从功能上来看，电话营销可分为两种：一种是完全意义上的电话营销，100%的订单都是通过电话来完成的。另一种只起到挖掘销售线索、处理订单、跟进客户、服务等的作用，他们有外部销售人员来配合，共同完成订单。

2. 电话营销的特点

要掌握电话营销的技巧就要首先了解电话营销的特点。具体来说，电话营销主要有以下特点。

（1）电话营销虽然是销售策略中的一个重要形式，但只有和其他的销售方式很好地结合起来才可以从优秀走向卓越

电话营销是在双方没有会面的情况下进行的纯粹语音交流。然而，并非所有的客户都可以通过电话搞定，因而电话营销员要根据双方沟通的具体情况来决定是否需要采取登门拜访、邮件传真等其他更为有效的沟通方式。

（2）电话营销最容易找到客户也最容易被客户拒绝

电话营销能够花费最少的时间收集到最广的客户信息，客户能够轻易接起电话，电话的时间可长可短，也省去了赶路的时间。但是，并不是所有的客户都能够成为真正的客户，除非客户本身或潜在有这种需求，否则客户会很快挂掉电话。

（3）电话营销的成功是小概率事件，所以不必患得患失

因为电话营销还未曾真正融入到人们的生活习惯中，因而人们总是本能地拒绝销售电话非常正常，这并非因为产品与价格不够好，而是由于双方缺少必要的信任基础。所以，电话营销人员应当养成一个不怕被拒绝的习惯才最好。

3. 电话营销的作用

电话营销作为现代一种重要的销售手段，除了成交之外，还可以帮助企业实现很多价值。

（1）向客户宣传公司和产品，起到广告效应

电话营销是销售中的一种最为常见的方法，不过高明的电话营销人员是非常少的，而且大部分人的心理抗压能力很弱，成功概率较低，所以真正可以从事电话营销，并从中获取良好收益的人少之又少。哪怕电话营销没有成交、交易没有成功，你已经把你们公司的大致情况与产品向电话的另一方做了相关的介绍，这样当顾客再次听到公司名称或者产品名称时就

会有部分关于这个产品的意识，对公司与产品的宣传会起到一定的推动作用。

（2）配合和支持宣传推广活动

每个人都知道，要想做好一种产品，除去质量等“硬件因素”之外，宣传也是必要的，而电话营销人员在推销过程中就已经在给客户做出宣传了。尽管和平时做广告之类的宣传活动有所不同，然而这样的宣传活动也在人群中得以推广。再与正面的宣传相呼应，这样的电话营销行为，恰好起到了配合与支持宣传推广的作用。

（3）收集市场信息

电话业务涉及的行业面非常大，从产品到服务，从零售到批发，从大宗产品的推销到招揽规模性的商业服务，都有电话业务的涉及。作为一名电话营销人员，就需要从本地乃至全国手机资料、联系客户、拓展业务……不过也可以从电话营销过程中了解市场信息，了解客户哪些品牌使用得比较多，最看重的是哪项功能等。

（4）收集客户信息，寻找潜在客户

在电话推销过程中，可以通过每一次的电话营销过程，挖掘潜在客户。对于电话营销记录是很重要的，这个记录必须记载客户的原始资料、确认后的资料，以及每一位销售人员在每一次和客户洽谈时的具体对话要点。假如对方公司A女士说对这种产品不感兴趣，那么可以对该公司进行秘密追踪，找对方公司的B先生或许就完成销售了。根据客户的购买力与经济实力，会分解为A、B、C、D四级，只要完成销售的客户数据，立即转入A级、B级客户名单中，C级客户是正要开发中的客户，将淘汰掉的客户归入D级，以防止再次被进入潜在客户名单内。

（5）和有价值的客户建立联系

要想成为一名合格的电话营销员，必须懂得从销售过程中寻找到可以利用的一切消息。当你从销售过程中听到客户的“弦外之音”，得知这个客户可以列为有价值的潜在客户时，一定要与该客户保持联系，从而争取接下来的推销成功。

培训指导

电话营销任务实施

那天李辉精神饱满地来到公司，做好一切准备后开始打电话，第一个电话是打给王小姐的，没想到他刚说“王小姐，你好，这里是万商保险公司……”对方就把电话挂了，他很沮丧。不过他没有气馁，继续给李先生打电话，虽然李先生接了他的电话，但一听是推销保险的，就很不高兴地说：“你以后不要再给我打电话了!”口气很粗暴且不耐烦。李辉放下电话很想骂人。但他调整了心态，继续给陈太太打电话，这位女士很耐心地听完李辉的介绍，然后很有礼貌地说：“不好意思，我暂时不需要。”几通电话下来，李辉感觉很受挫，不想再打了，这时主管过来安慰他，让他回忆在心理素质训练时所学的内容，李辉一下振作起来，又投入到工作中。接下来的几天，虽然有失败，但也有成功，而随着各方面技能的提高，李辉的业绩越来越好。所以，李辉认为心理素质训练非常重要，它能让你拥有克服困难的勇气和决心。

听完李辉的介绍后，小罗发现要做好电话营销，并不是一件简单的事，必须具备较好的心理素质和抗挫折的能力。对此，公司进行了相关培训。

首先，请你与小罗一起完成以下任务：

(1) 听完李辉的介绍后，请你谈谈对电话营销这个岗位的认识，并与传统营销方式做比较。

(2) 完成测试题（见第11页“电话营销员综合能力测试”），算出得分。判断并认清自己的性格类型，找出自己与电话营销员岗位心理素质要求的差距，指出自己在心理上、行动上准备不足的地方及今后的努力方向。

(3) 如果你打了一天的电话，近200通，却没有一单成功，你将如何调节自己的心态?

(4) 在电话中，你遇到了客户粗暴无礼的对待，你将怎样处理?

电话营销的目标和对象

很多人都羡慕电话营销人员的口才好，形容他们是见什么人说什么话；可也有人接到电话营销人员打来的电话，就立即挂断电话，丝毫不肯让电话营销人员再继续说下去，更别想他们买任何的东西。为什么有的电话营销人员能说会道，但还是会遭受到如此待遇？原因在于电话营销是一门技术，也是一门艺术。其最大特点是综合性强，它融合了商业、口才、心理、公关、传播等各种知识。

电话营销人员虽然必须要“能说会道”，但并不等于要耍嘴皮子，或是夸夸其谈、哗众取宠。如果不懂得电话营销的艺术，那么任凭电话营销人员说得天花乱坠，也得不到客户的青睐，销售不出产品，拿不到订单也是枉然。其实，电话营销人员的职业修养与口才不是与生俱来的，而是需要经过后天的努力来培养的。如果作为一名电话营销人员，想有出色的口才、良好的修养，想在商务活动中实现你的金色梦想，就要不断地拓展眼界，吸收知识，调整思路，活跃思想，逐渐积累知识和经验，提升自己的口才、气质、修养和人格魅力。

要想成为一名优秀的电话营销人员，就必须先要明白电话营销的目标和对象。作为当代市场营销体系的一个分支，电话营销是一种有效、专业、低成本的行销模式，它伴随着呼叫中心的发展而成长。

电话营销的目标就在于可以以一种经济有效的方法满足客户的需要、为客户提供便捷的产品或服务。电话营销的对象一般为公司现有或潜在的目标市场成员，通过和他们建立沟通，可以维持和客户之间良好的关系，而且还能够为企业树立良好的形象。

电话营销并不是仅仅指打出电话，还包括所有利用电话进行销售的形式，如直接销售、数据库营销、呼叫中心、一对一营销、客户服务中心等皆包括在电话营销之中；电话营销也并非销售产品与客户服务的重要组成部分，还是企业整体行销规划的一个重要构成部分。作为直复行销（也就是“直接回应的营销”，它是把赢利作为目标，通过个性化的沟通媒介向目标市场成员发布发盘信息，用来寻求对方直接回应、问询或订购的社会以及管理过程）的一种方法，电话营销还可以作为其他直复行销方式——目录、直邮、广播电视广告、印刷媒体广告、一线销售等的一种补充与支持。这些方式与电话营销相结合时，尽管侧重的方面有所不同，不过最终目的都是要充分利用当下先进的通信技术，为企业开创更多的商机，增加效益。

电话营销绝不能简单地认为是随机地打出许多电话，依靠碰运气去销售产品。这样的电话通常不会达到电话营销的目的，反而会引起客户的反感。成功的电话营销应当使通话双方都可以从电话营销中获益。

电话营销要求销售人员具有良好的讲话技巧、清晰的表达能力并掌握一定的产品知识，从而与客户达成交易，在此基础上，还可以向客户宣传公司和产品，配合和支持宣传推广活动。此外，电话营销还可以收集市场信息、寻找潜在客户，并和有价值的客户建立初步的联系。

优秀的电话营销员要懂得细心“观察”客户的反应，留心客户的一举一动，了解客户的需求信号和购买倾向，从而采取相应的对策来增加交易成功的机会。成功的电话营销应该使通话双方都能体会到电话营销的价值。

培训指导

打电话五大原则

打电话前首先要确定电话沟通的目标，以目标为导向。确定打电话的目标通常应遵循以下原则（见下图）。

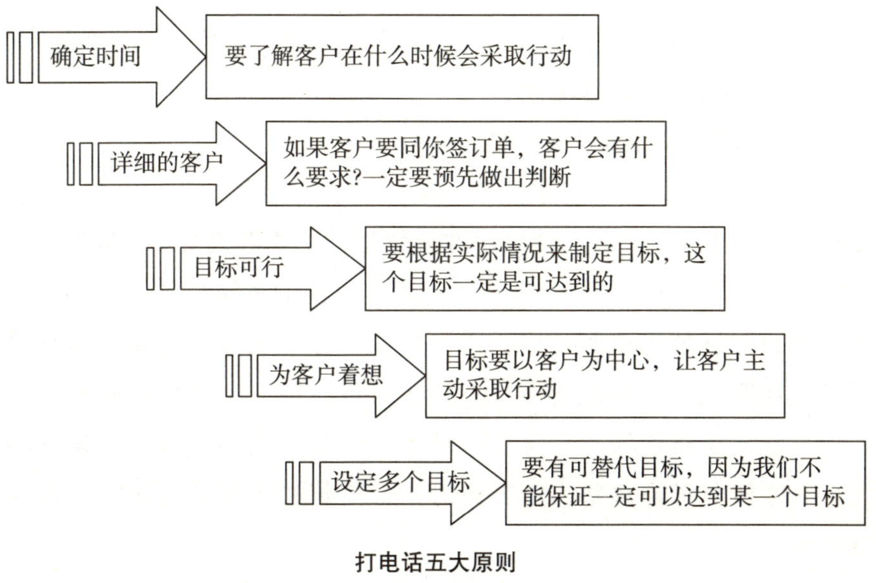

打电话五大原则

掌握电话营销的要点

要想成为一名优秀的电话营销人员，需要掌握好电话营销过程中的以下要点。

1. 目的明确

许许多多的电话营销人员在打电话之前没有经过认真思考，也没有认真组织语言，结果常常打完电话才发现该讲的话没有讲，该达到的销售目的也没达到。

2. 语气平稳，吐字清晰，语言简洁

有很多电话营销员因为害怕被拒绝，拿起电话就忍不住浑身颤抖，语气结巴，语速过快或者吐字不清，这些都会对你与对方的交流产生很不好的影响。有人打来销售电话，说不清公司名称，讲不明白产品，也搞不清来意，对方十有八九会直接拒绝。有时就是搞清他的来意，也要花上几分钟，再耐着性子详细听完他的介绍，最终还是不明白产品究竟是什么？因而，在电话营销时，一定要让自己的语气尽量平稳，让对方听明白你在说什么，最好要说标准的普通话。语言要尽可能简洁，说到产品时要注意加重语气，势必引起客户的注意。

3. 必须清楚电话是打给谁的

有许许多多的电话营销员还没有弄明白要找的人时，电话一通，便开始介绍自己与产品，结果对方说你打错了或者说我并非某某。还有些销售员，将客户的名字弄错了，将客户的职务弄错了，有的甚至将客户的公司名称都能搞错，这些错误让你还没有开始销售时便降低了诚信度，严重时还会弄丢客户。所以，每一个电话营销员不要认为打电话是非常稀疏平常的一件事，在电话营销之前，一定要将客户的具体资料搞清楚，更要搞清楚你打给的人究竟是否有采购决定权利。

4. 一分钟之内把自己和用意介绍清楚

这一点是至关重要的，有时接听到同一个人的销售电话，一直都没有记住对方的名字与公司。究其原因，他每次打过来电话，都只说自己是小张，公司名字非常含糊，时间一长，接听者便不记得了。在电话营销时，一定要将公司名称、自己的名字以及产品的名称，还有合作的方式等讲明白。在电话结束时，一定不要忘了强调你自己的名字。例如，××经理，与你认识我非常开心，希望我们合作顺利，请您记住我叫×××，我会经常与你保持联系的。

5. 做好电话登记工作，及时跟进

电话营销人员打过电话后，一定要做好详细登记，并认真总结，及时跟进。

电话营销除了以上5点外，还有非常多的细节必须留心。比如，优美的声线，美好的祝愿，客户的心理，及时的服务等，只要用心去做，就一定会做得更好。销售员要永远保持一颗积极进取的、有激情的、永不服输的心。

培训指导

电话营销员综合能力测试

现在，让我们进入本书之中最重要的测试，在您进行下面的测试题解答时，务必保持一个重要的原则：为了能够得到最真实的关于您电话营销综合能力的答案，请您不要因为自己在做测试而改变自己内心的真实想法，以下所有的测试题应以最快的速度、凭借自己的直觉而不假思索地填写，测试完之后请仔细对照后面的参考答案。

1. 我清晰知道我的目标客户定位，并且能够拿到他们具体姓名、座机或者手机号码的客户资料比例是________。

A. 30% 以上　　B. 10% 以上

C. 5% 以上　　D. 5% 以下

2. 声音、词汇与说话艺术是电话沟通的关键因素，我的层次是________。

A. 知道做不到　　B. 做得不够好

C. 做得很好

3. 销售的关键是了解客户的需求、想办法满足客户的需求，你认为________。

A. 正确　　B. 错误

C. 不清楚

4. 面对前台或者总机，你通常采用以下哪种方法处理________。

A. 坚持不懈　　B. 介绍产品利益

C. 用真诚打动她　　D. 找个理由绕开

5. 我们要在销售中间带给客户快乐，而不是痛苦，你认为________。

A. 同意　　B. 反对

6. 我们要热爱拒绝，要将拒绝看成成交的开始，你的看法是________。

A. 同意　　B. 同意部分

C. 不同意

7. 客户最终选择的产品应该是性价比最好的产品，你的看法是________。

A. 正确　　　　B. 不正确

8. 在产品推荐的过程之中，你需要首先销售的是________。

A. 问题　　　　B. 好处

C. 产品特性　　　　D. 良好态度

9. 客户喜欢还是不喜欢一个人，主要是依据________。

A. 态度　　　　B. 喜好

C. 道德与价值观　　　　D. 声音

10. 与陌生客户第一次通电话中间的开场白，通常你的沟通重点是________。

A. 自我介绍及陈述电话目的

B. 介绍产品好处

C. 尽量让客户感到好奇

特别说明：附录测试与答案仅供参考，根据行业、产品复杂程度、所处情境不同，可能需要适应性修改！

参考答案：

1. 答案评分：A. 10 分；B. 8 分；C. 6 分；D. 3 分

与其用很多时间和精力去说服一个不太需要购买你产品的人，不如用最少的时间去选择一个想要购买你产品的人；与其去和前台打交道要求转接，不如直接将电话打到客户的直线上面，电话营销从找对客户资料开始，你的客户资料越准确，你的销售业绩肯定越好。

2. 答案评分：A. 3 分；B. 5 分；C. 10 分

电话营销主要是通过声音和语言与客户进行对话沟通的，声音是交通工具，不同的交通工具决定了客户对于销售人员的感受，所以电话营销人员一定要打造出一口动听悦耳的声音；语言文字的组合即词汇选用与说话方式，是你思想和产品的载体，客户对你的词汇与说话方式进行解码后才形成对你的产品的理解；这中间就给电话营销人员许多可以借用的地方，一个优秀的电话营销人员，会善于运用声音、词汇与说话方式的力量扭曲客户的思维反应，将客户的注意力转移到有利于自己的方向上面来。

3. 答案评分：A. 5 分；B. 10 分；C. 3 分

需求是客户产生购买的前提，然而客户对于自己的需求并不是很了解，尤其是那种复杂产品，客户的需求是非常模糊的，他自己最多仅仅是能够感觉到而已，电话营销人员需要做的事情是想办法制造客户的需求，具体的方法就是了解客户的现状和期望，然后让客户看到自己现状和期望之间的距离，让客户产生不满和问题，这样客户就“发现”自己的需求了。

4. 答案评分：A. 6 分；B. 6 分；C. 6 分；D. 10 分（如多项选择算平均分）

前台的职责之一就是过滤销售电话，其已经在长期和销售人员的“斗争”之中找到了足够的经验“对付”销售人员，大部分情况下和其谈产品是没有裨益的，因为她们不是能够做主的人，电话营销人员要做的是找个好的理由尽快绕过她，找到关键联系人进行对话。

5. 答案评分：A. 5 分；B. 10 分

痛苦是销售人员的利器，我们知道客户有问题才会产生需求，但是有问题并不代表客户需要马上解决问题，所以客户总是喜欢拖延。只有客户感受到问题点的伤害，他的潜在需求才能变为明显需求，明显需求又转变为迫切需求，客户越是痛苦，做出购买决定的速度以及多支付费用的决心越大。

6. 答案评分：A. 7 分；B. 8 分；C. 10 分

虽然面对拒绝的时候我们要有良好心态去处理，上述的观念在很大程度上是有道理的，然而拒绝处理的最好方式就是预防，尽量不要让拒绝发生，其实只要销售人员注意预防，90% 以上的恶意拒绝都是可以避免的。

7. 答案评分：A. 6 分；B. 10 分

客户并不是实际能够购买到性价比最好的商品，其只是感觉自己买到了性价比最好的产品，比如你看看自己穿的衣服就知道了，花同样的钱我相信你可以选到更加适合的产品，但是由于各种原因你的购买方向会发生偏移，如服务员态度很好，你觉得需要给予她的服务一定回报；同样的道理，客户的购买决定也会受到各种影响，而影响力的来源就是客户的道德观念和欲望，它们极大程度上诱导了客户做出不同决定。

8. 答案评分：A. 10 分；B. 8 分；C. 6 分；D. 5 分（如多项选择算平均分）

销售的定义就是帮助客户解决问题，因此，我们先要让客户意识到自己问题点的存在，客户有了问题，就会产生需求，才会接受你的产品好处和特性，因此，要先卖问题，再卖产品特性和好处。

9. 答案评分：A. 7 分；B. 7 分；C. 10 分；D. 6 分（如多项选择算平均分）

客户喜欢还是不喜欢另外的一个人，从表面来看取决于和他打交道销售人员的态度、声音、亲和力等因素，从深层次看是依据客户的道德观或者说价值观的自然反应，而客户的道德观是从小的时候开始树立的，他凭借这个道德观去评判什么是对和错，什么是喜欢和不喜欢，而中国人的道德观是基于儒家的思想，核心就是“仁义礼智信”这五个字，大部分的中国人是依据这五个字来判断是否应该喜欢还是讨厌某个人。

10. 答案评分：A. 5 分；B. 6 分；C. 10 分（如多项选择算平均分）

客户并不是每天都要买产品，但是每天都有电话营销人员希望客户购买产品，长此以往，客户对于销售电话有着极强的条件反射拒绝心理，这个雷区你一定要想办法避免。最好的方法就是让客户感到好奇，客户产生好奇心之后就会给你一定时间，这样你才能赢得对话的空间。你讲得好还是不好是一回事，有没有机会讲又是另外一回事。

电话营销成功要素

当前基本上所有的公司都在有意无意地使用电话营销这种新兴的营销手段，其优越性在这里没有必要做出过多的谈论，通常大规模或是需要短期内拨打大量电话的电话营销业务会交给自建的或者外包的呼叫中心前去制作。当然电话营销追求的终极目的是成功率，但也不排除有告知或者推广的目标成分。影响电话营销成功率的原因是很多方面的。

1. 产品

这里所说的产品代指大产品概念，包括产品定位、价格、质量、市场空间、美誉度、知名度、认知度等。并非所有的产品都适合做电话营销，比如快速消费品就不适合，因为它的利润很低，客户群广泛，更加适合大众营销以及现场销售促进。

使用价值小、知名度较低的产品也不适合做电话营销，原因是电话营销有它难以规避的缺陷，就是看不到真实产品，这便使得消费者在购买决策时有过多的犹豫。例如，一些知名度较低的纪念品就不适合做电话营销，纪念品主要是具有销售收藏价值或者升值价值，在品牌知名度较低的情况下消费者的购买行为是存在非常大的风险的，因此单纯的电话营销比较难促成订单。

价格过高的产品同样不适合电话营销。价格过高，消费者需要承担的风险便越高，在知名度较低的情况下消费者不敢冒这个风险。当然知名产品不包含在内。电话营销还遭受到市场空间的限制，即市场的饱和度。假若市场空间很小，竞争非常激烈，那最好的营销手段便是更新产品或者淘汰产品，电话营销只会消耗精力、增加成本。

2. 数据质量

众所周知，进行电话营销之前是需要得知大批数据的，数据的质量直接关系到电话营销的成功率。尤其精准的电话营销可以叫作数据库营销，不过大多数情况下电话营销的数据并非很准确，数据只不过是经过初步的筛选。

数据越精确、字段越多，越适合产品定位，电话营销的成功率也就越高。然而数据的筛选与核实工作需要企业付出一定的成本，因而目前很多企业尽管意识到数据的重要性，然而却不愿意付出较高的成本来完善数据库，因此，目前市场上电话营销的成功率仅仅徘徊在0.5%～2.5%。

3. 电话的参与程度

这点非常重要，营销是一个太大的范畴，甚至可以说不管什么事你都可以看成一种营销活动。电话营销的不同之处只在于加入了电话的参与。然而电话营销参与的程度究竟怎样，达到哪种目的可以称之为成功。这是一个非常值得探讨的话题。

电话营销可以划分为很多种，比如，电话邀约、单纯电话营销、机会挖掘、会员招募、会议邀请、产品推广以及报价、市场调查、商情调查、费用催缴、满意度调查等。有些是完全能够直接通过电话营销完成订单的，比如，单纯的电话营销、会议邀请、电话调查等；不过很多时候电话营销仅仅是参与其中的一部分，还需要配合别的营销手段，如产品推广及报价就需要配合相应的广告传单（DM）、电子广告（E-DM）、大众营销等，电话营销仅仅是充当了临门一脚的角色。还有的电话营销仅仅是起到信息采集或者过滤的角色，如销售机会挖掘、订单处理等。

可以大胆地估算一下，以后电话营销参与的广度会逐渐增大，程度会逐渐加深，可在营销活动中的份额会逐渐减少，而需要许多的营销活动一起配合来完成，也就是需要对各种营销方式进行完美整合，这样才可能提高营销效率。

4. 追呼

追呼在电话营销中的作用是至关重要的。数据显示，极少数电话营销是通过一通电话就搞定的，大多数电话营销成单都是在第三、第四次追呼过后，有些甚至有必要追呼到第七次，甚至更多次。

当然，在电话中的判断识别也非常重要，没有目的的追呼白白浪费时间与增加成本，有经验的电话营销人员会在消费者的个别词句之中捕捉到销售线索并作出他是否是潜在客户的判断，以便做出追呼计划。当然，追呼的前提条件是通过客户允许的追呼并在上次电话中相约下次电话的时间，这样才可以在不影响客户满意度的前提下使电话营销的效率得到提升。

培训指导

情景练习

乔·吉拉德:“喂，柯太太，我是乔·吉拉德，这里是雪佛兰麦若里公司，您上周在我们这儿订购的汽车已经准备好了，请问您什么时候有时间来提车呀?”

史太太（觉得似乎有点不对劲，愣了一会儿):“你可能打错了，我们没有订新车。”(这样的回答其实早在吉拉德的意料之中。)

乔·吉拉德:“您能肯定是这样吗?”

史太太:“当然，像买车这样的事情，我先生肯定会告诉我。”

乔·吉拉德:“请您等一等，是柯克莱先生的家吗?”

史太太:“不对，我先生的名字是史蒂。”

(其实，乔·吉拉德早就知道她先生的姓名，因为电话簿上写得一清二楚。)

乔·吉拉德:“史太太，很抱歉，一大早就打扰您，我相信您一定很忙。”

对方没有挂断电话，于是乔·吉拉德跟她在电话中聊了起来。

乔·吉拉德:“史太太，你们不是正好打算买部新车吧?”

史太太:“还没有，不过你应该问我先生才对。”

乔·吉拉德:“噢，您先生他什么时候在家呢?”

史太太:“他通常6点钟回来。”

乔·吉拉德:“好，史太太，我晚上再打来，该不会打扰你们吃晚饭吧?”

史太太:“不会。”

(6点钟时，乔·吉拉德再次拨通了电话。)

乔·吉拉德:“喂，史蒂先生，我是乔·吉拉德，这里是雪佛兰麦若里公司。今天早晨我和史太太谈过，她要我在这个时候再打电话给您，我不知道您是不是想买一部新雪佛兰牌汽车?”

史蒂先生:“没有啊，现在还不买。”

乔·吉拉德:“那您大概什么时候准备买新车呢?”

史蒂先生(想了一会儿):“我看大概10个月以后需要换新车。”

乔·吉拉德:“好的，史蒂先生，到时候我再和您联络。噢，对了，顺便问一下，您现在开的是哪一种车?”

仔细阅读上述案例，请完成以下练习:

(1) 电话中乔·吉拉德记下了哪些销售信息?

(2) 乔·吉拉德是如何得到潜在的销售机会的?

(3) 10个月之后如果你是乔·吉拉德，该如何打电话?

第二章
获取完备的销售信息

对每一位电话营销人员而言，只有寻找到客户，才能将产品或服务销售出去。而寻找目标客户的首要任务是首先找到潜在客户，也就是找到对电话营销人员所在公司的产品或服务的确存在需求并具有购买能力的个人或组织。

全方位挖掘潜在客户

打电话之前，首先要对目标客户进行一次粗略的筛选，并设计好自己别具一格的开场白。在和潜在客户交流的过程中，要从多方面收集客户的资料。

成功的电话营销员之所以能够源源不断地销售出产品，是因为他们拥有绝对多的潜在客户。

利用电话营销产品，最大的优势便是随时都有可能发现潜在客户，而且，和盲目登门拜访相比较，巧妙地运用电话更加容易和客户进行沟通。当然，要让沟通向着有利于销售的方向进行，就需要推销员事先做好精心的准备。

开发客户是电话营销人员的一项关键工作，想要做好这项工作，需要销售人员掌控多种资料的获取渠道。

1. 网络寻找

寻找这个行业的行业网，每个行业几乎都建有行业网站，你使用关键词搜索。比如，××专业网、××行业协会（英语关键词尽可能多试）。寻找到后，通常就会在这些网上看到会员列表。还有，在这些专业网以及行业协会网站上会有很多相关链接，对你也非常有帮助。

2. 广告寻找

这种方式的基本步骤是：①向目标顾客群发出广告；②将顾客吸引上门展开业务活动或者接受反馈展开活动。比如，通过媒体发送某个减肥器具的广告，并对其功能、购买方式、地点、代理和经销办法等做出详细的介绍，之后在目标区域展开活动。

3. 介绍寻找

业务员通过他人的直接介绍或者关键人员所提供的信息进行顾客查找，可以通过业务员的熟人或者朋友等社会关系，也可以通过企业的合作伙伴或者客户等由他们进行介绍，主要方式有电话介绍、信函介绍、口头介绍、名片介绍、口碑效应等。

这种方法的优点是：①信息比较准确、有效，可以减少客户开发过程中的盲目性；②能够增强说服力。由于是经熟人介绍，所以比较容易赢得信任感，成功率也就较高。

通过挖掘老客户，获得客户的转介绍，也是找到潜在客户源的一个好方法。作为电话营销人员，还可以有意识地选择具有一定社会知名度与公众影响力的权威人物，取得这些知名人士的帮助。在推销过程中，利用此种手法的关键在于推销人员必须具备较高的信誉、较好的职业道德，只有这样才有可能赢得现有客户的信任，赢得他们的推荐。

以电脑产品的推销为例，当电话营销人员了解到现有客户是一家总厂，而它的分厂或协作单位准备从别的电脑公司进货，那么在同这家客户电话洽谈时，不妨问对方一句："你是否知道还有谁需要这类产品？"短短一句话，很可能为你的推销名录上增加一个新客户。

4. 资料查阅寻找

通过资料查寻客户不但能保证一定的可靠性，而且会减少工作量、提高工作效率，同时也可以最大限度地降低业务工作的盲目性以及客户的抵触情绪等。

5. 委托助手寻找

业务员在自己的业务范围内或者客户群中，通过有偿的方式委托某些人为自己收集信息，弄清楚有关客户与市场、地区的情报资料等。

6. 客户资料整理

客户资料管理的重要性尤其突出，现有的客户、和企业联系过的单位、企业举办活动（公关、市场调查）的参与者等，他们的信息资料都应当得到良好的处理与保存，这些资料累积到一定的程度便是一笔财富。

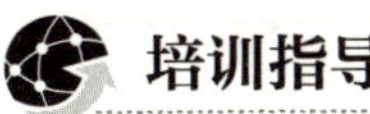

培训指导

准备客户资料

客户资料从何而来？客户资料应包括哪些内容？如何建立客户资料数据库？请完成以下任务：

(1) 你准备从哪些渠道收集客户资料？完成表2－1。

表2－1　　客户资料收集

	收集客户资料的途径	特点	备注
1			
2			
3			
4			
5			
6			
……			

(2) 下载安装相关客户搜索软件，结合其他渠道收集并建立客户数据资料库。完成表2-2。

表2-2　客户数据资料

联系方式	姓名	年龄	性别	婚否	家属成员	学历	职业	年收入	地址	健康状况
顾客1										
顾客2										
顾客3										
顾客4										
顾客5										
顾客6										
……										

详细的客户资料的内容

详细的客户资料可以完善业务员与客户间细节的沟通，挖掘出打电话的理由，以便打电话的时候不会太唐突。天底下没有人愿意与冒失鬼打交道，因此，电话营销人员需要有详细的客户资料。详细的客户资料包括以下信息。

1. 拍板人的姓名

拍板人是最重要的，下面所有的行动都是为了与拍板人取得联系。寻找拍板人，既可以通过直接的方法，也可以通过间接的方法。只有打电话给拍板人才有成交的可能，通常也只有拍板人才有权决定购买你的产品或者服务。

准确了解拍板人的姓名及拼写，这样，在后期信函交流的时候，不至于拼错对方的名字。

2. 职务

只有了解接线人的职务，才能决定是和他谈，还是通过他找到拍板人。因此，在电话中了解对方的职务是非常必要的。

3. 电话号码

电话业务员要准确无误地记住对方的电话号码，包括对方的座机号码、分机号码、邻座的号码以及手机等，方便的话也要记下他家的电话。

4. 客户的业务范围及特点

要卖给客户产品或服务，就要充分了解客户的业务范围及特点，电话业务就是替客户解决问题。譬如说：你替旅行社做业务，当客户觉得工作很辛苦想去旅游时，你用电话为他提供旅游服务，就给他解决了休息问题。

客户之所以要购买产品或服务，是因为产品能够解决他们的问题，满足他们的需要。因此，客户需要都有自身的特点。比如做广告，客户的版面位置、怎么排版、什么策略、什么价位、上版时间以及客户强调的业务特点都要登记清楚。

5. 网址

现在的大多数公司都有自己的网址。通过浏览网页可以帮助业务员详细地了解客户的业务内容、公司的定位，以及客户的其他信息。这样，你可以详细地了解客户，发现客户的需要。

6. 电子邮箱（E－mail）

群发 E－mail 可以在较短的时间内让许多客户收到邮件。“有一种提升你工作效率的方式完全可以用在你的工作上，直到你看完这封 E－mail”等诸如此类的话锁定客户的注意力，特别是 E－mail 的第一句话就要吸引他的兴趣。

培训指导

电话营销客户信息表

表 2－3　　个人信息表

姓名		账号	
个人数据			
性别		年龄	
婚姻状况		工作性质	

续 表

孩子个数		收入阶层	
生活方式		信用状况	
其他			
地址数据			
详细地址		地址类型	
电话号码		销售区域	
备注：			

表 2-4　　企业客户信息表

企业名称		账号	
联系方式			
联系人		联系人职务	
电话号码		联系人工作性质	
传真号码		部门或分公司	
电子邮件		法人代表	
其他			
企业数据			
地址		母公司情况	
地区代码		公司类型	
电话号码		经营领域	
传真号码		主要产品或服务	
电子邮件		员工人数	
		营业额	

筛选目标客户法则

电话营销是从寻找目标客户开始的。如同看病需要对症下药，做电话营销要达到效果，电话营销员就要找准目标客户。如果电话营销员打的每一通电话都能够针对目标客户，能切中对方潜在的需求，那么就能轻而易举地提高工作效率，并节省大量的时间。所以，电话营销成功的第一个关键就是找对目标，找到足够多的有效的潜在目标客户。找到目标客户可以避免向那些非目标对象推销，以免浪费宝贵的时间与精力。那么，什么样的客户才是目标客户呢？

一般来说，确定潜在有效目标客户的标准只需要电话营销人员思考下面的问题就可以了。

1. 按客户可能的需求进行定位

具体如下图所示。

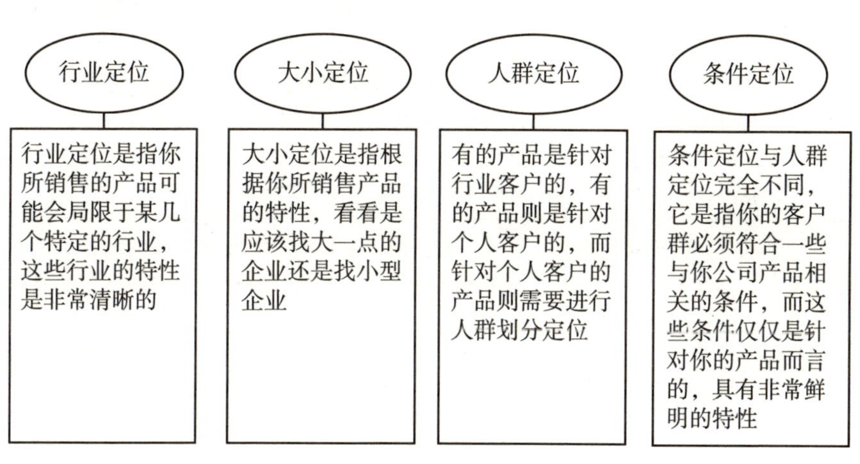

按客户需求定位

2. 按客户可能的支付能力进行筛选

具体什么样的客户是有支付能力的，则要根据电话营销人员所销售的产品价格而定。如果你销售的产品类似于中国移动客服代表所推荐的“10元包100分钟长途”套餐，那显然你根本没有必要考虑客户的支付能力。

但是，如果你所销售的产品价格较高，就需要好好考虑一下这个问题了。

3. 确定要找的对应部门或者关键联系人

一般情况下，我们可以将客户所在的联系部门或者联系人分为以下6种，如表2－5所示。

表2－5　联系人分类

种类	说明
线人	线人是电话营销人员在客户内部所发展的情报提供者，他可能职位很低，也可能在整个销售流程中只是个旁观者，但是却起着非常重要的作用。 举个简单的例子来说，现在某个客户要对某个项目进行招标，招标者自然不会和你讲有什么竞争对手进来以及他们的选择标准是什么。但是线人却可以做到，你只需要和他稍微搞好点关系，线人提供的一点点信息（如客户在某公司和你们之间作评估），就可以让你的胜算率增加许多
使用人	使用人就是你所销售产品的直接用户，或者说是受益者，这是非常关键的联系人。 首先，一般来讲，使用人是采购项目的发起者，是否存在产品需求是由他们所决定的。其次，使用人在整个销售流程中还会担任评估者的角色，毕竟产品是他们使用的，好不好自然是使用人说了算，其他任何人的评估，即使是高层的评估，影响力都要弱于他们的评估意见。最后，使用人还极有可能是付钱的那个人，虽然很多公司从表面来看，作出付钱决定的是财务部或者高层管理者，但是大家不要忘了一件事情，就是这个付款最后还是会从公司给使用人的年度预算中扣除
设计人	随着产品价格的提升，设计人的作用越来越大。需要特别说明的是，设计人往往不只是一个人，更多的时候是一个小组。设计人的职责是将抽象的需求动机，变成一个可以考量的指标
发起人	设计人定下一个采购标准之后，显然需要通过某个部门把这个需求发出去，然后进行招标对比，最后定下具体的采购对象，而这里的某个部门就是发起人。 在很多时候，发起人就是由某个设计人担任的。在比较大型的公司，会由采购部来担当这个重任。显然这是个硬角色，因为客户是否已经存在明显的需求，在他们这里可以找到清晰的答案
评估人	对电话营销人员所提交的解决方案进行评估，从而作出最终采购决定的人就是评估人。担任评估人这个角色的可能是设计人，可能是使用人，也可能是行业专家或者权威

续 表

种类	说明
拍板人	拍板人就是最终签字批准这个项目的人，一般是公司的高层，小一点的公司就是老板本人。这类人一般不会参与到前期的产品考察与审核等步骤，但是却同样具有决定性的作用。当然，如果其他所有部门都同意，除非金额非常大，他否决的可能性并不是很大

培训指导

目标客户筛选分类表

表 2－6　目标客户筛选分类

客户类型	类型描述	细分类型	细分类型描述	选择
第一类（T）	已经签单的客户			
第二类（Y）	准备签单或近期可以签单的客户	Y1	客户已确定在某段时间内购买产品	
		Y2	有可能会购买的客户	
		Y3	客户购买意向明确，有需求，有预算，谈的人也有决策权，只等决定做出即可	
		Y4	电话沟通表明近期购买或已经确定具体时间购买	
		Y5	见过公司产品，并且沟通比较深入	
		Y6	通过多次交谈，决定多家或实地考察，如果时机符合，则进行设备性能、技术水平、服务水平和公司实力的对比，以后可能会购买	
第三类（U）	可以跟进的客户	U1	过多关注价格，过多关注设备性能，需要消除疑虑	
		U2	认为价格太高	
		U3	对产品了解已经很深入，准备买，但因为某些原因而导致短时间内无法购买	

续 表

客户类型	类型描述	细分类型	细分类型描述	选择
第四类（I）	想先了解一下	I1	已经通过 E－mail 或传真收到了产品信息的客户	
		I2	只是询问一下价格，没有其他要求或疑问	
第五类（O）	可以放弃的客户	O1	心不在焉的客户；凑热闹的客户	
		O2	三分钟热度的客户	

根据以上标准，我们可以判断手中每一位客户的类别。

1. 重点排列顺序（按重要程度）

T＞Y（A1＞Y2＞Y3＞Y4＞Y5＞Y6）＞U（U1＞U2＞U3）＞I（I1＞I2）＞O（O1＞O2）。

2. 针对不同类型客户的沟通方法

T 型客户：可以根据已了解的客户需求和情况，通过发电子邮件或邮寄产品说明定期向客户推荐新产品。

Y 型客户：定期给客户打电话，询问客户的决定，并对客户进行适当的引导。

U 型客户：根据客户的要求，解决客户的疑虑。

I 型客户：通过调查和询问了解客户的经济能力、决策能力和所处的行业等，逐渐明确其需求。这类客户需要销售员长时间与其沟通，因为他们还没有考虑成熟，因此下决心需要一段较长的时间，需要双方的磨合，以便增加相互信任。在这样的努力下，他们也许会在某个时间突然下单，所以是很好的潜在客户。

O 型客户：这类客户虽然不是主要购买对象，但是如果我们能及时回复对方，逐渐与其熟络，使对方认可我们的服务和产品，进而与我们成为朋友，也许某一天他们就会向我们购买产品或者介绍亲友购买。

寻找客户名录的5种方法

寻找客户可以采用以下5种方法。

1. 会议法

为了使自己推销的产品最大限度地接触到目标客户，只要是业绩优异的电话营销人员都要参加各种各样的产品展会与专门会议。

如今，国内外每年都会举办许多展会，比如广交会、高交会、中小企业博览会等。参加这些产品展览会通常能让电话营销人员在最短时间内与大量的潜在客户有所接触，获取关键信息，这对后期介入客户是较为有利的。电话营销人员可以选择和行业有关的展会去参加。

如果是自己的公司参加展览会，电话营销人员就需要很好地设计和规划一下，挑选一些行业内（指公司所处行业或者客户所处行业）规模和影响力比较大的参加。

在每年的年末，电话营销人员可以通过互联网或会展公司的朋友，收集来年相关行业的展览会信息，贴在办公室的醒目处，并在日程表上加以标注，提醒自己哪些展会需要参加。

此外，电话营销人员还要想方设法参加一些研习会、公司的会议活动、朋友的生日聚会、酒会、专门的聚会等，从中可以结识更多的人，可以交换更多的名片，也可以获得更多的客户信息。

2. 俱乐部寻找法

如果电话营销人员的产品或服务只是针对某一个特定社会团体，如青年人、退休人员、银行家、广告商、零售商、律师和艺术家，就要想办法加入他们的俱乐部或组织，这样才能更容易接触到他们。

3. 连锁介绍法

这种方法又称为“介绍寻找法”，是指电话营销人员利用自己的关系网，比如亲戚、朋友、过去的同事、老客户，作为寻找客户资源的途径。

4. 市场咨询法

有些组织特别是行业协会、技术服务组织、咨询公司等，往往集中了大量的客户资料以及相关行业的市场信息，通过咨询这些组织来寻找客户方便快捷，省时省力，有时还可以获得服务、帮助和支持。

利用市场咨询法，要注意咨询机构的可靠性。选择可靠的咨询公司时，可以从以下3方面入手：

①了解咨询公司的资质，也就是其以往的业绩记录。

②了解咨询公司根据客户需要，进行定制开发的能力和水平。

③了解咨询公司的财务状况、市场位置、人员稳定性。

5. 资源共享法

电话营销人员还可以通过与相关个人或者公司资源共享，免费获得一些客户信息，这就是资源共享法。

电话营销人员采用这一方法时要注意，刚开始接触对方，不要太过于急功近利，一定要等到和对方逐渐建立起信任以后再去讨论资源共享的问题。从长远来看，这将影响电话营销人员是否能够获得信任、赢得长期的资源共享。

培训指导

客户搜索器介绍

收集客户资料的渠道很多，这里给大家介绍一种工具“疯狂客户搜索器”，它可以让你在很短的时间内将网上的客户资源下载自动生成客户名录，从而建立起客户资料数据库。

1. 疯狂客户搜索器的作用

把各种行业或商业网站上的公司库企业名录（客户资料）列表自动快速地收集下来，并以数据表的格式存放到电子表格（Excel）中。

2. 最大优点

用户可以自己设定任何一个想要搜索的网站，并且可以设定想要搜索的客户资料内容，无论怎么搜都可以。还可以搜索各种求购和供应商机、论坛信息等。

3. 数据用途

收集到的客户数据能够用于电话营销、传真群发广告、邮递广告、E－mail群发广告等各种营销行动。

4. 疯狂客户搜索器的使用方法

第一步，寻找目标网站。这里所说的目标网站是具有一定显示格式的网站，一般是公司库或者企业库。

第二步，判断页面是否可以搜索。搜索器可以搜索的网站有几个特征，第一是有显示列表，第二是有翻页，第三是列表中有单击进去可以显示公司联系信息的链接列表，这个列表中的任一链接，我们称为一级地址。如果单击进去还要单击一下才可以查看到联系信息的，我们称为二级链接。

第三步，运行疯狂客户搜索器。建立一个搜索任务，任务需要填写的内容请参照第二步的设置。

第四步，依次单击执行任务——生成列表，等待列表完全生成。

第五步，单击保存网页，等待列表保存在本地。进度条显示100%，就说明列表保存完毕。

第六步，提取。单击提取字段就自动生成你所需要的客户信息了。

除此之外，卓讯企业名录搜索软件、冠艺企业名录搜索软件等也非常好用。

寻找客户信息的常用途径

搜索客户名单是电话营销的基础，只有明确了目标客户并了解其需求，电话营销人员才有可能顺利地进行电话营销。如果盲目寻找客户信息，就犹如大海捞针，所以，必须掌握并运用基本的途径和方法。

1. 众多的专业数据提供商

北京有几十家销售商家客户名录的公司，如北京新华信营销信息咨询有限公司、北京亚太商业信息研究院、易拜天地资讯（北京）有限公司等。他们拥有中国企业的全国性普查数据，并按每位客户的要求进行选项分类，如行业、注资、规模、区域、职务等。他们提取出相关信息销售给客户。

2. 中国国家图书馆

中国国家图书馆能够根据客户的需求提供各种信息服务，主要有剪报服务、媒体监测、企业竞争情报，向有关情报机构、信息预测部门、信息咨询机构索取资料等。这些资料有的是免费获得，有的则需要付费。电话营销人员可以通过预订、邮购、直接选购和委托代购来获得这些专业杂志、报纸、图书资料。报纸、杂志反映的信息比较及时，尤其是上面刊登的广告记述着当前的最新信息；图书资料、手册是经过浓缩的信息，系统性强，便于阅读、积累。

3. 商务快车等网络搜索软件

利用检索工具收集信息是目前最为便捷的途径之一，它具有信息密度大、效率高等特点。电话营销人员也可以通过其他常规的行业搜索引擎进行搜索，如通过图书馆、情报室搜索工具搜索文献等。

4. 通过培训活动

在某些培训活动中，有些学员不仅咨询具体的课程，还要求培训单位把已经报名的学员名单等有关的信息传真过去，这样他们就可以知道能否通过培训课结交到有价值的人。有些企业的目的性很强，它们只为拓展人脉而参加相关培训，课程的内容对于他们来说并不重要。

5. 招聘信息

有些公司在招聘员工时，会详细介绍公司的情况，如公司性质、经营业务、联系方式等。电话营销人员通过客户或者竞争对手的招聘信息来分析企业的发展状况，必要时也可直接渗透进去。

6. 114 查询

114 查询台是最简单的查询方法，它的特点是方便、快捷。在通常情况下，只要你告诉114 电话业务员你需要的电话号码，很快就能如愿以偿。当然，通过此途径获得的客户信息可能不完整，需要你进一步做收集信息的工作。

培训指导

鉴定合格的准顾客

假如你是电话营销人员，你手中有以下8 位潜在顾客的资料，依据表2－7、表2－8，鉴定哪些是合格的准顾客。

表 2－7　　潜在顾客资料

项目	年龄	性别	婚否	抚养家属	学历	职业	年收入（万元）	住宅	健康状况
顾客 1	25	男	单身	无	本科	钢铁厂职员	5	单位自建房	佳
顾客 2	55	男	已婚	妻子，两个孩子（读大学）	本科	退休工人	8	单位自建房	劣
顾客 3	28	男	已婚	妻子（怀孕5 个月）	高中	汽车销售员	4	公寓	佳
顾客 4	45	男	离婚	无	本科	财务部经理	20	公寓	佳
顾客 5	19	女	单身	无	本科	学生	0. 8（兼职）	与父母同住	佳
顾客 6	32	男	已婚	2 个小孩	大专	超市采购员	6	商品房	佳

续 表

项目	年龄	性别	婚否	抚养家属	学历	职业	年收入(万元)	住宅	健康状况
顾客7	65	女	孀妇	无	博士	退休教授	15	公寓	一般
顾客8	42	男	已婚	2位亲人	本科	高中教师	18	楼房	得过病已康复

表2-8　　顾客信息鉴定分析

顾客	收入	支配权	对保险的渴望
顾客1			
顾客2			
顾客3			
顾客4			
顾客5			
顾客6			
顾客7			
顾客8			

问题：

(1) 哪两位是最具资格的准顾客？为什么？

(2) 下一位你会考虑谁？为什么？

(3) 哪一位应从名单中除去，不作任何考虑？为什么？

第三章
打电话前的准备

电话营销人员利用电话进行高效率的营销囊括了较为深刻的学问。一个做事冲动的人是无法将事情做好的，这样的人不但无法受到人们欢迎，也不可能得到有效的信息。所以，销售人员在接打电话之前，需要做足准备工作。

熟悉自己推销的产品

可想而知，没有哪位客户愿意和一个一问三不知的销售人员打交道。所以，成功的电话营销人员在打电话给客户之前，首先要确保自己已经掌握了一些必备的基础知识，如充分了解自己的产品，同时还要具备一些为客户解决实际问题的能力，如仔细分析目标市场、考虑自己的产品或服务能够给客户带来哪些利益，等等。

显然，多数客户都会在购买某产品之前对该产品做一定的了解，所以他们往往能提出一些很实际或很有针对性的问题。这个时候，如果电话营销人员不能为客户提供一个足够明确的答案，很可能会与成交失之交臂。

通常情况下，客户对某个产品的信息了解得越充分，对该产品就越有信心，其购买产品的欲望也会更加强烈。从某种意义上说，电话营销人员的工作就是根据自己对产品的了解，帮助客户解决问题，而了解产品的相关信息就是在为满足客户需求做准备。

另外，了解产品可以使电话营销人员对自己所销售的产品充满信心。

信心对销售工作的重要性不言而喻——如果销售人员自己都不认可自己的产品，那么你的客户对你的产品自然也不会有什么兴趣，更别提购买了。

所以，只有做到对产品有足够了解，才更有可能带着自信及时解决客户的疑问，从而快速地与客户建立信任关系以便达到成交的目的。

电话营销人员首先要了解产品的性能、价格、型号、基本结构和参数设置等。尤其当所销售的产品比较复杂的时候，这些就显得更为重要了。具体来说，可以用这样的方法来提高对产品的熟悉程度：试着给自己提出问题，然后做出回答。只有做了足够多的功课，才能对产品有足够的了解，在回答客户问题时，才能够提供及时、准确、专业的答案。

除此之外，电话营销人员还应对产品的使用有足够的了解，可以通过多方渠道收集顾客的反馈以及亲身体验产品的使用来做到这一点。

相比于店面销售，电话营销的劣势之一在于不能面对面地为顾客演示产品，只能通过谈话交流向客户介绍产品的相关信息。这就要求电话营销员必须更加充分地了解自己的产品。可以说，了解自己的产品是电话营销准备工作最重要的组成部分之一。

培训指导

电话营销情景演练

电话营销情景一：

客户：“你好！”

电话营销人员：“您好，请问有什么可以帮您？”

客户：“你好，请问你们的产品和大德品牌的产品有什么区别？”

电话营销人员：“您好，每个公司的产品从外观到内部结构都有很大的差别！”

客户：“你们的系统和大德品牌的系统明显不一样，能介绍一下你们这种系统的优势在哪里吗？”

电话营销人员：“我们产品的系统更先进一些。”

客户："先进在哪里？可以说的具体一点吗？"

电话营销人员："产品性能好，质量过硬，售后服务更好！"

客户："看来你似乎也不太了解自己的产品，我再考虑考虑吧！"

电话营销情景二：

客户："你好，是娜美公司吗？"

电话营销人员："您好，我是娜美客服128号，有什么可以帮您的吗？"

客户："你们的'喜羊羊'牌香皂还有货吗？怎么卖？"

电话营销人员："还有货，价格是200元一箱。"

客户："哦，这么贵啊，拿来洗手有些太浪费了！"

电话营销人员："不会的，这种香皂非常耐用，而且味道特别好闻！"

客户："是吗，那给我订一套，可以分开独立包装吗？"

电话营销人员："当然可以，请您把地址留给我。"

第二天，客户收到香皂打开包装时，只见说明书上写着："本香皂可利用水蒸气让其慢慢挥发，从而达到满室芬芳的效果。"原来这种香皂根本不是用来洗手的。气愤的客户立刻拨打了娜美公司的客服投诉电话，要求退货。

仔细阅读上述案例，完成下列练习：

(1) 情景一里，电话营销人员是否了解自己的产品？

(2) 情景二里，电话营销人员做得也非常不好，竟然欺骗客户。要想赢得更多的客户，最好在打电话前，先对产品的价格、功能简介与同类产品的区别有一个较为全面的了解。如果你是情景二中的销售人员，你会如何打电话。

打电话前的3项准备

打电话前的3项准备，包括物品准备、心态准备、细节准备。

1. 物品准备

一到两部电话机是电话业务的基本组成部分。在资讯行销的今天，掌握资讯、传递资讯、处理资讯是个人成功与否的关键因素，任何回馈资讯的处理都归结到电话及其服务人员。铅笔和便笺纸用来做日常的电话记录，主要包括：收发传真者的姓名、单位、内容、日期等一些相关的客户信息。它不但可以让你的记忆力增强，而且可以为客户提供及时快捷的服务。不用的时候可以擦去，或者做常规更新。

计算器：在数据方面能让顾客感觉到你工作的高效性，也能提高你对数据的计算速度和正确性，并能有效地节省时间。

涂改液和橡皮擦：更新信息，让你快速地更新顾客的信息。

喜欢的音乐：音乐可以让你产生灵感和活力，电话营销需要业务人员的耐心和热心，悠扬、热情的音乐可以帮助大家迅速达到巅峰状态，并产生良好的工作效果。休息的时候，舒缓的音乐也能让你得到更好的休息和高质量的放松。

时钟：量化工作的效率，有利于自我监督，也可以让你做好时间管理。

镜子：不是用来化妆的。它有助于使你一直保持良好的仪表，即使对方看不见。

备忘录：提醒你及时处理顾客的要求，帮助你和顾客建立良好的关系，有利于提高电话营销成功率。

2. 心态准备

打电话既是一种心理游戏，又是一种体力劳动。与日常生活中的体力劳动不同的是，它更多地加入了行销人员的态度和心理的应变能力。因此，在你打电话的过程中，你的心态对你行销的结果起着至关重要的作用。打电话前的心态准备如下图所示。

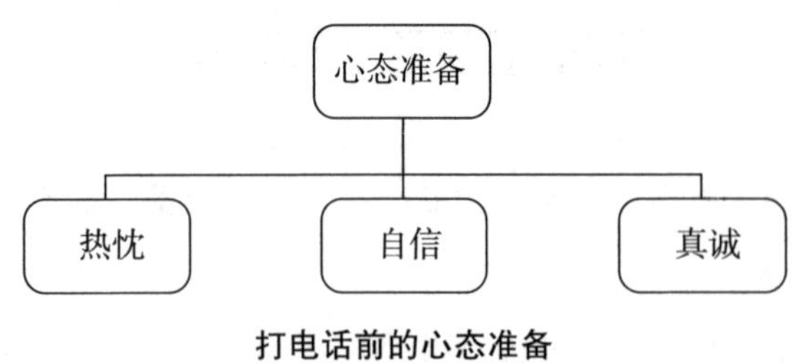

打电话前的心态准备

3. 细节准备

细节有时候非常重要，所以有人说“细节决定成败”！而有些人却常常忽视细节，甚至因为细节问题导致了失败，却还不知道为什么。作为一名电话营销人员，在打电话之前一定要提醒自己注意细节（具体细节可以参考本书第五章内容）。

培训指导

设计准备

“工欲善其事，必先利其器。”一位优秀的电话营销人员除了具备锲而不舍的精神外，一套完整的销售工具是绝对不可缺少的战斗武器。

（1）你认为电话营销需要准备哪些工具？请完成表3-1。

表3-1　电话营销准备工具表

序号	准备内容	用途	备注
1			
2			
3			
4			
5			
6			
7			
8			
……			

（2）以上这些工具的用途是什么，跟其他销售方式相比，电话营销工具有什么不同？

设计电话营销脚本

电话营销行业里有这样一句话：“接的永远算计不过打的。”的确，打电话的比接电话的更有时间做充分的准备。电话营销脚本设计是电话营销员不容忽视的环节。

电话营销员的脚本设计就像大楼的地基，如果地基打得不扎实，大楼很快就会倒塌。即使你有很强的沟通能力，如果没有设计电话营销脚本，电话沟通就可能陷入无序状态。很多客户会根据电话营销员说话的条理性来判断电话营销员的专业素质。一个没有思路的电话营销员在与客户沟通时，东讲一句，西讲一句，完全没有重点，就难以得到客户的信任。

可见，每一个电话营销员都应设计一套详细的电话营销脚本。那么，设计电话营销脚本应遵循什么原则呢?

1. 开场白很重要

设计独特且有吸引力的开场白是电话营销员不被客户拒绝，让客户继续听下去的关键。

2. 30 秒原理

电话营销员所能利用的资源非常有限，只能通过一部电话在有限的时间内来解决所有的问题，在30 秒内抓住客户的注意力是每一名电话营销员的一项基本修炼。

3. 提吸引客户的问题

提吸引客户的问题，这个问题应具有影响力且能引起客户的关注。

4. 塑造产品的价值，让客户产生强烈的需求

向客户明确说明产品所具有的价值，以吸引客户注意力，使其产生购买的欲望。

5. 收集、整理客户的资料

通过各种渠道收集客户的资料，及便对客户有清晰的认识。

6. 明确打电话的目的

明确为什么要给客户打电话，打电话想要得到的结果是什么。

7. 准备好要问的问题

电话营销员想要获得更多的信息和了解客户的需求，就要事先准备好要问的问题。因为如果不提出问题，就无法得到客户的信息和需求。这就需要电话营销员在提问中使用一些技巧，在打电话前就把需要提问的问题写在纸上。

8. 设想客户要问的问题

在电话沟通中，客户为了自己的利益肯定会提出一些问题。如果客户提出了问题，而你需要花大量时间去找资料，那么，客户会认为你非常不专业。所以，提前写下客户可能会提到的问题，并且想好问题的答案非常有必要。

9. 设想可能发生的事情，并想好对策

电话营销员的工作需要无休止地给客户打电话，每次打电话都可能有不同的情况出现，所以，一定要清楚在电话营销中随时可能出现的情况，对于不同的情况应写出相应的应对策略。

设计一个成功的电话脚本后，销售工作就省时又省力了，只要根据不同的客户类型略微调整一下语速及语言结构即可应对不同的客户。对着脚本打电话，只要讲起话来不像背书，符合正常打电话的情境，显得自然，让语言极具条理性，成功的概率就会更高。

培训指导

电话脚本设计

李明是保险公司的一名推销员，这天李经理给了李明一份客户资料，要求李明对这些客户进行一次产品推销。产品的名字是教育保险。客户资料。如表 3－2 所示。

表 3-2 客户资料

姓名	李斌	账号	
个人数据			
性别	男	年龄	45
婚姻状况	已婚	工作性质	会计
孩子个数	2	收入	每月一万元
生活方式		信用状况	良好
其他			
地址数据			
详细地址	朝阳路 57 号	地址类型	
电话号码	189××××2323	销售区域	北京
备注：曾经购买过本公司车险，感觉很多。			

通过所学的内容请你和李明一起模拟一份电话脚本。

要有好思路：拿起电话知道该怎么说

一个好的电话营销人员在打电话时必须要有一个比较清晰的思路。比如，与客户沟通时明白自己该说什么不该说什么。

1. 说些吸引客户的话

电话营销若想成功的第一要素，便是要吸引潜在客户的视线。要记住，对方并没有在恭候你的电话，也许你打电话给他时，他正在忙着其他的事情，而你的首要任务便是让潜在客户停下手中正在忙的事情，并将注意力转向你。你有 10 秒钟左右的时间来完成这一项任务。

2. 会介绍自己

自我介绍的大体内容包括自己的姓名、自己所在的公司以及工作职务。而这最简单的三项被称为电话营销中的“自我介绍三要素”，因此，这三要素是自报家门时缺一不可的，销售人员在打电话时要将自己的身份如实介绍给客户。

（1）姓名

在拨通客户电话的时候，电话营销人员首先需要做一个完整的自我介绍。对于初次打拜访电话的客户，最好不要说自己是小王、小娜。因为，这些简称无法给客户留下一个深刻的印象，而且还会让客户觉得你这样说是对他们的不尊重。像情景中的李磊介绍自己时的说法就很好，“小李飞刀的李，光明磊落的磊”，显然，这样别致地介绍自己的名字容易给客户留下深刻的第一印象。

（2）所在公司

在自报家门的时候，说到自己的公司，最好不要说公司的简称，而要说公司的全称，以便客户能够明确自己公司的相关情况。至于自己的工作部门，必要时也可以告知客户，这样能够增加客户对你的信任。

（3）工作职务

作为电话营销人员，如果你在公司的职位较高，最好直接报出来，这样更容易获得客户的信赖，客户也会因此而有被尊重的感觉。即使你在公司的职位不值一提，最好也能够稍微对自己进行“美化”，或者避重就轻只说明自己从事的工作即可。比如，电话营销人员可以这样说：“您好，我是太平人寿公司的××。”

3. “六句”“九式”台词

拿起电话，怎么说？六句已经作了解释；“剧本”台词设计“九式”，教我们说什么，开始说什么，然后说什么，最后说什么。

如果一开始就向客户推销产品，不但耗费精力，而且还会使自己的信心减少；如果打电话就是在问候客户、恭维客户，真正的销售目的或是增进客户关系的目的没有达到，又会感觉有些不甘心。怎么办？

“怎么说”并不等同于“说什么”。“怎么说”是思维层面，我们要把思维层面贯彻到确切行动层面，控制好每次电话沟通的六句、九式，才能实现沟通目的。下面就提供9个销售沟通句式类别及相关的组合，详见表3－3。

表 3－3　　销售语句类别及举例

销售语句类别	语句解析	沟通话语举例
简洁式沟通	传递给客户坚定的信念和熟悉并简单称呼客户的口吻	您好！李总
事务式沟通	就事说事，直截了当，开诚布公	就某某事情我们沟通一下； 我已经把相关的资料发给您了，请查收
恭维式沟通	让客户产生眩晕的感觉	您在某方面做得很专业，值得学习
情感式沟通	让客户对您产生好感	恭喜您高升； 忙碌不忘照顾身体
利益式沟通	关注客户的切身利益与损失	如果我们合作会给贵公司带来什么收益； 同时给您个人在仕途上带来什么收益
探索式沟通	更多地了解客户的需求	对这个项目您有没有初步的思路？ 您在这方面有什么想法？ 想要达到什么目标
引导式沟通	引导客户更多地关注我们	您在这方面做得非常好，如果换一种方式去操作效果是否会更佳
顾虑式沟通	了解客户的疑虑，消除客户的顾虑，消除合作前的最后一道心理障碍	您现在最担心的是什么？ 您有这样的担心是非常正常的，我们会慎重考虑这些问题以前我们遇到同样的问题，我们是这样做的……
促进式沟通	促进沟通目的的达成	您现在购买可以享受优惠； 您需要的产品已经为数不多了，您若是感兴趣，我可以为您保留到明天中午 12 点前

电话营销基本上离不开以上9个沟通句式，使用时也要结合银行的具体活动、产品作相应的调整。在每一次沟通的过程中，不是9个都会同时出现，要根据不同情况、不同决策层次、不同客户关系等区别对待。

培训指导

六句九式矩阵

本节9个沟通句式不是固定的，而要灵活运用，该说什么就说什么，不该说的就别说，不知道的、不清楚的也不要说，详见表3－4。

表3－4　六句九式矩阵

	问候句	过渡句	开门句	目的句	促进句	结束句
简洁式	√					
事务式		√		√		√
恭维式			√			
情感式			√			
利益式			√			
探索式				√		
引导式				√		√
顾虑式					√	
促进式					√	√

合理设定销售目标

想要从众多的电话营销人员之中脱颖而出，有很多方面的努力是必不可少的，其中，树立一个适当的目标是不可或缺的。要知道，没有目标，是永远不可能达到胜利的彼岸的。每个人、每一项事业都需要有一套基本目标，而许多人往往是做一天和尚撞一天钟，目标模糊，那么如何达到目标就更是心中无数了。成功的销售员头脑里有明确的目标，因为有一个目标，就会为了实现这个目标而努力，而奋斗。

没有目标和计划的销售人员就像秋风中的落叶，随风飘散，不知自己的下一站将会是哪里。没有目标和计划，销售员当然也就无法对自己的工作成绩进行总结，他不知道自己的产品卖到了哪里，他要因此浪费大量的时间，他的业绩停滞不前，因为，他没有记录。没有记录的事情就等于没有发生。博恩·崔西说："成功就是目标的达成，其他都是这句话的注解。"明确的目标能激发我们强烈的成功欲望，集中我们的注意力和精力，从而控制我们自己的生活，帮助我们做出更好的决定及选择。

"我希望有很多的钱!"

"我希望有辆好车!"

愿望人人都有，但是，你希望你有多少钱？你希望有一辆什么牌子的好车？与之形成鲜明对比的是：

"三年之内，我的年收入要超过20万元!"

"明年年底，我要拥有一辆宝马跑车!"

这中间的区别是那么明显，你是否也这样具体明确地去想过呢？一定要记住，愿望不是目标。而且目标的确定一定要立足现实，一定要明确而具体。

在具体的实践中，如何确立一个具体的、可行的、可以测量或评估的目标呢？制定销售目标应遵循哪些原则？其参考要素又是什么？

无论怎样，当你为自己设立销售目标时，都要遵循以下5个原则。

1. 销售目标的制定越具体越好

电话营销员在设定与客户建立关系的目标时，如果只写一句"与客户处理好关系"是远远不够的，还要明确怎样才算处理好关系。

2. 制定的销售目标可以计量

电话营销员的销售目标应该是明确的，而不是模糊的。销售目标当中应该有一组明确的数据，作为衡量是否达成目标的依据。例如，目标若是要与客户处理好关系，那么就要明确与多少个客户处理好关系？这些客户中有多少是新客户，有多少是老客户？如果制定的目标没有办法用数据衡量，电话营销员在后期就无法判断这个目标是否实现了。

3. 制定的销售目标切合实际

电话营销员在设定销售目标时，要客观地对自己的现状及各种影响因素进行衡量，不可妄定目标。实现目标可以让你有成就感，从而不断给你前进的动力，而如果设定的目标过高且难以实现，你的自尊心和自信心就会受到打击。

4. 设定的销售目标一定要合情合理

电话营销目标应该和现实销售工作紧密结合，让你的能量集中在实现销售中。要做到这点，你就要在设定目标时对现实情况进行仔细的分析，并将那些首要的、直接影响你的销售成效的事项设立为首要的目标。

5. 有具体达成的时间

电话营销员在设立目标时必须同时限定目标实现的时限，这点很容易理解却容易被疏忽，而这种疏忽恰恰是造成很多目标不了了之的主要原因。

卡耐基曾说：“毫无目标比有坏的目标更坏。”这体现在电话营销当中则是，如果电话营销员没有明确的目标进行指引，他的行为会是发散和凌乱的。要想成为一名成功的电话营销员，必须首先有明确的销售目标，让所有的销售行为都聚焦到一个点上。

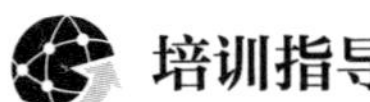

培训指导

制定销售目标

李翠莲是一位化妆品公司的实习销售员，请根据本节所学的内容为其制订一份电话营销周目标计划书。

素养篇

第四章 电话营销人员心态训练

在电话营销过程中，如果你一遇到挫折就想打退堂鼓，那么你是很难做好这项工作的。应该说，在这个世界上，所有人都会对自己不熟悉或不好的事物怀有恐惧心理。这就要求电话营销人员在工作中要始终保持积极乐观的心态。

营销人员必备的“三心五态”

优秀的电话营销人员要具备“三心五态”，三心指同理心、自信心、诚挚的心。五态指主动、创业、空杯、双赢、学习的心态。

1. 三心

(1) 同理心

所谓“同理心”，就是指能设身处地地理解他人的情绪，能感同身受地体会身边人的处境与感受，并可适当地回应其需要。可见，“同理心”是同情、关怀与利他主义的基础，具有“同理心”的人能从细微处体察到他人的需求。

事实上，同理心和赞美客户一样，它们都是电话营销员做好电话营销工作的润滑剂。表达同理心的根本目的是让客户深切地感受到电话营销员是在理解他、关心他，这也等于在告诉客户电话营销员是与他站在一起的，他们都是同一条船上的人。

电话营销员要想加强自己同理心的培养，可以通过私下里与朋友、同事或爱人交谈相处的时间，仔细倾听他们所说的话，试着了解他们正在说的事，从他们的角度去看问题想事情，在这个过程中，你只要能表达出你对他们的理解就好。然后，你可以特别留意对方的反应，这时你就会发现，因为你的理解使他们心情放松，脸上有愉快的表情，而且会对你表现出亲近的样子。可见，学会对客户表达你的同理心，是做好电话营销工作的一个有力武器，它可以让电话营销员在工作中如鱼得水，收获颇丰。

当然，表达对客户的同理心，并不是要你刻意地讨好客户。这就要求电话营销员在跟客户沟通时，要注意自己讲话的内容与讲话时的语气、面部表情相一致。虽然电话中客户看不见你，但电话营销人员的面部表情客户还是可以感受得到的。试想一下，当客户在电话中告诉你他与你们公司曾有过不愉快的合作，而你在这边电话中微笑而热情地、快速地说道："我可以理解您的感受，但是现在不同了……"你可曾想过电话那端的客户会作何感觉呢？客户一听就会有种做作的感觉。有了这样不好的感觉后，客户还怎么能与你进行友好愉快的合作呢？

（2）自信心

自信心是一个人非常重要的精神支柱，也是一个人做事的内在动力。它可以激励一个人下定决心克服重重困难以便达到自己的终极目标。一个人只要有了自信心，那么不管在学习、工作还是在生活中，他都可以变成强者。

一样是在打电话，有的人声音亮如洪钟，充满自信；而有的人则羸羸弱弱。通过电话的声波便可以轻易分辨出一个人的心态好坏，因而在进行电话营销时，电话营销人员必须要沉稳、镇静、充满自信。因为自信能够传达给客户信心，传达出自己对所推销产品的信心，也可以告诉客户自己绝对是个值得相信的人。

自信心可以通过一个人说话的语速和语调表现出来。自信者的声音往往既不过于激昂，也不过于低沉，而是抑扬顿挫、不卑不亢。

实际上，要获得自信的声音效果并非一件容易的事情，但也并非无章可循。方法如下：

①回忆以前的某次电话沟通情景，模拟当时的对话，把自己的声音录下来，仔细播放，分析自己讲话的好和不好之处，然后加以改进。声音检查的要点有：语气是否自信友好，语调是否抑扬顿挫，语速是否适中，声音是否悦耳动听，表达是否准确明白等。

②可以买些诗歌朗诵的磁带回来，跟着练习，能更好地领会对各种声音要素的控制要领。

③深呼吸有助于建立自信。具体做法是：深呼吸一口气 1 秒，然后闭气 4 秒，最后吐气 2 秒。根据实际情形，还可以适当延长时间，会收到更好的效果，每次做 3 分钟。

（3）诚心

在电话营销领域，时刻让自己准备好一颗诚挚的心，用诚心去对待客户，对于电话营销人员收获的不仅是给客户留下一个好印象，还会有客户丰厚的回报。原因很简单，人人都喜欢对自己很真诚的人。时刻准备好一颗诚挚的心，做一个对客户很真诚的人。

工作中，如果电话营销人员不能用一颗诚挚的心去对待客户，那么当他跟客户沟通时，就可能会流露出懒惰、懈怠、漫不经心的语气，这会让客户觉得不受重视和尊重，会让客户觉得心里不舒服。这样一来，电话营销工作要想顺利开展下去就很困难了。可见，无论到什么时候，真诚地跟客户沟通，真诚地影响客户、打动客户，让客户愉快地跟自己合作下去，是每位电话营销人员都应该具备的一种心态。如果你现在还没有意识到这种心态的重要性，那就请你从现在开始进行调整吧。相信你的努力会得到回报的。

2. “五态”

（1）主动心态

在竞争异常激烈的今天，那些抱着主动心态工作的人，能给自己创造更多的机会，也让自己有更多的机会走向成功。谁在工作中被动，谁就会失去优势地位，就会被动挨打。人从出生的那一刻起，他的人生就不是上天安排好的。无论在生活中还是在工作中，有很多事情都需要人去积极主动地争取。在企业里，很多事情也许没有人安排你去做，但如果你主动去做了，不仅锻炼了自己，也为自己积蓄了走向成功的力量。但是如果什么事情都等着别人来告诉你，那你就会遭遇被淘汰的命运。无数事实也表明，那些在职场中得以顺利晋升的人，无不是具有主动做事心态的人。

（2）创业心态

如今，很多人之所以为老板打工，那是因为他们缺乏像老板一样去考虑问题的思维。像老板一样思考问题，像老板一样积极主动地行动，你就能做到去考虑企业的成长，考虑企业的费用；你就会明白企业的事情其实就是自己的事情；你就会知道什么是自己应该去做的，什么是自己不应该做的。从老板的角度考虑问题，你就能像老板一样取得辉煌的成就。反之，如果你把自己定位在一个打工者的位置上，你就会得过且过，不负责任，自然不能以一个好的心态与客户沟通。

（3）空杯心态

今天，知识的升级换代很快，也许你在某个行业已经有所积累，也许你已经具备了专业技能，但是对于新的企业、新的经销商、新的客户，你仍然是一个新人，你没有任何特殊的权利。也就是说，当你来到一个新的行业或新的公司时，你一定要有一个归零的心态，只有这样，你才能快速成长，学到这个行业的技巧与方法。

空杯心态意味着人必须时时整理自己的思路，去吸收当下任何新的、优秀的东西。每个企业都有自己的企业文化，有自己的发展思路、管理方法，对于这些东西，只要是正确的、合理的，你都应该以一种空杯心态把自己融入到企业中，融入到团队中，去领悟，去感受。否则，对于企业来说，你永远都是一个外人。

（4）双赢心态

在职场上，只有抱着双赢的心态，合作之路才能走得长久，亏本的生意是没有人做的。这就要求电话营销人员必须抱着双赢的心态去处理自己与企业之间、企业与商家之间、企业与客户之间的关系。你不能为了自身的利益去损害企业的利益，因为如果企业的利益都没有了，你又从哪里获得自身的利益呢？客户满足自己的需求，企业实现自己产品的价值，这都需要在双赢的条件下得以实现，伤害了任何一方的利益，另一方都会付出沉重的代价。

（5）学习心态

电话营销人员每天都要通过电话与不同层次、不同性别、不同年龄、不同工作、不同家庭背景的人进行沟通和交流，如何快速找到每个人感兴趣的话题，与之打成一片，其中有许多东西需要学习。那些不爱学习、不善于学习的电话营销人员，很难在电话中做到进退自如地与客户进行良好的沟通，并与客户产生共鸣。如果电话营销人员肯学习，就能在电话中既能与客户聊赛车、股票，也能和客户侃侃而谈旅游、高尔夫球……这些话题电话营销人员自己可能不感兴趣，但是客户却可能会感兴趣，抓住这些话题，电话营销人员就能迅速地拉近自己与客户之间的心理距离，为成功销售产品创造机会。学习的心态，需要电话营销人员养成每天阅读报纸、杂志、书籍或上网收集信息的习惯，借助一切知识帮助自己做好电话营销工作。

工作中，电话营销人员每天都要面对大量拒绝电话的打击，在这种情况下，如果缺少积极心态的支持，将很难坚持下去。而对于电话营销人员来说，他们唯一能掌控的东西，就是让自己时刻保持积极的心态，并利用这种积极心态去引导自己的行为，只有这么做，他们才可能在工作中取得成功。

培训指导

心态测评练习

根据平时自己的销售习惯，完成表4-1的测试。

表 4－1　　测试题

题目	您的答案	
	正确	错误
1. 你打电话给客户的目的是什么?	提供一次帮助客户的机会	把产品推销给客户
2. 你了解客户存在哪些问题吗?	了解	不了解
3. 你清楚地知道客户能从产品中获得重大利益吗?	知道	不知道
4. 你知道客户感兴趣的话题吗?	知道	不知道
5. 你知道客户最关心什么吗?	知道	不知道
6. 你会给客户提供一些有价值的信息吗?	会	不会
7. 你了解客户在哪些方面存有疑虑吗?	了解	不了解

调整情绪的 7 种方法

所谓情绪便是情感，是和自己身体各个部位的变化息息相关的身体状态，是明显且细微的行为。恶劣的行为致使人的心中充满恶意，自身也会遭受打击。

假若业务员在电话营销的过程中产生了不应当有的情绪，那么他自此也就生活在了阴暗的角落里。恶劣情绪首先伤害的是本身，因为你大把时间和精力不是放在了人生的积极进取上，而是放在了不好的情绪中。所以，电话营销人员要学会掌控自己的情绪。

1. 移情法

移情法被称为换位思考，即站在客户的立场上思考问题，理解他们的拒绝反应。

2. 希腊调整法

首先，来看一个传说。

古希腊有一个流传甚广的神话传说。有一位所向披靡的大英雄叫海格力斯。他威风凛凛，不可一世，唯一的遗憾就是找不到对手。有一天，他走在坎坷不平的山路上，突然发现有个袋子似的东西绊脚，就用力猛踢了一脚，只见那只袋子非但丝毫不动，反而膨胀起来。海格力斯恼羞成怒，操起一条碗口粗的木棒砸它，那东西竟然成倍地扩大着，直到把路堵死了。海格力斯无计可施，只好坐在路边唉声叹气。

这时，路边走过来一名智者告诉他，这个袋子就是"仇恨袋"。他还说："朋友，远离它吧，若你还执迷不悟，它就会与你对抗到底。"

这就是"希腊调整法"的由来。在电话营销过程中，当电话营销人员遇到不开心的事情，导致心情郁闷或者愤愤不平时，不妨让自己暂且远离这种不愉快的情绪，把它放下来，过一段时间，心态自然也就好了。

3. 平和心态法

真正能够做好电话营销工作的人是那些拥有平常心的人。平常心可谓"重在参与，淡泊功利之心"。不管电话营销人员是否达成一笔电话交易，只要对电话营销业务流程、电话营销技巧有新的感悟，也是一种难得的收获。也就是说，电话营销人员尽人力，听天命，一切顺其自然，也就具备了平常心。

有了一颗平常心，心态自然平和，自然能够积极而又坦然地面对电话营销过程中的种种挫折和困难，并不断改进，同时坚信通过自己不懈的努力，可以达成最终目标。

4. 转移焦点法

转移焦点法，即用此事替代彼事，转移当前关注的焦点。

电话营销的失败率非常高，致使电话营销人员过于关注眼前的失意而看不到希望，从而缺乏成就感以及自我认同感。假若把注意力从之前的挫败感中转移，将精力集中在当前的电话营销上面，对所要拨打的电话充满自信，那么，你也就会从挫败中挣脱出来，用更好的心态去面对接下来的客户了。

5. 置之不理法

不是所有的麻烦都会立刻解决，也不是所有的情绪都能立即清楚，所以，当你的情绪得不到解决时就不要去解决了。有时你的情绪就像一杯浑水，不去摇动或用其他东西搅动，要不了多久，这杯水中的泥沙自己就会沉淀下来，使水变得清澈。

上文说了希腊“仇恨袋”的传说，它的特性是：当它挡住了你的去路时，你若想把它踩扁，然后从它身上跨过去，那么这个“仇恨袋”就会因为你去踩它而越踩越大。最后，它会变得像山一样高，把整个路都封死，而那时，你永远也别想通过了。其实，开始的时候你想通过很简单，别去碰它，置之不理，然后等它自己慢慢地变小，最后它会变得像一张纸片，你轻易地就可以跨过去了。

所以，电话营销过程中，你把遇到的那些不顺心的事放一放，自己就会轻松很多。而如果你总是惦记着，自己就会因为它们而不快乐。

6. 自我交谈法

我们在失望伤心的时候，不是随时随地都会有倾听的对象，所以，要找一个随时能够听自己说话的人，非“我”莫属！你可以用下面的话与自己交谈，当自己交谈的内容是积极的时，自己也就改变了原来的坏情绪：

“我也可以做到让自己的声音听起来很有魅力，然后可以让客户一听到我的声音就能够对我产生好感。”

“刚才的客户太生气了，这对他不好。如果我也很生气，这不仅对我不好，对他更不好。”

“从现在起，我要面对现实，想些实际的东西，任何一个电话都不能拖延，并且遵守诺言。”

“我希望睡个好觉，不胡思乱想，平静、沉沉地睡去。第二天醒来精力充沛，活泼愉快地开始一天的工作。”

“逃出烦恼、焦虑的陷阱，我就能变成一个快乐、活泼的人。”

“我要学习自我控制，让自己成长，内心充满自信和愉悦。绝不让过去的阴影破坏现在和未来的完美生活，并牢牢记住：每年都有365个崭新的业务机会。”

“我要完全消除电话恐惧症，让它在空气中消失。”

自我交谈当然不只这么多，你也可以找些更好的话题来改变自己。

7. 行动法

只要行动起来，心情就会轻松许多！

每天上班以后，电话营销人员不妨先问自己几个问题，并试试按相应的方法去做，让自己迅速行动起来！

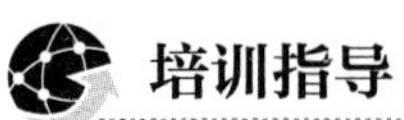

培训指导

互动游戏之角色互换

下面以一个模拟互动游戏来测试客户接电话时的心理反应。

人员准备： 5人。

方法： 在游戏中，一位电话营销人员扮演客户，另外4位电话营销人员各自扮演电话营销人员甲、乙、丙、丁。

场景设置： 客户刚刚开完业务会议回到办公室，看上去很累的样子，正准备倒点水喝。这时，桌上的电话铃响了，电话营销人员甲打电话进来，向客户推销产品。客户接完甲的电话没多久，接着乙、丙、丁又先后打电话（可设定间隔时间分别为3分钟、4分钟、5分钟）向客户推销产品。

在游戏结束后完成下面的练习：

(1) 客户在接听第一个电话是什么反应，最后一个电话是什么反应？

(2) 在这个角色互换中体会到了什么？

6 招克服电话恐惧症

1. 给自己信心

害怕电话当然不是害怕电话本身，而是有其内在原因。因此调整你的心态，查明自己对电话恐惧的真正原因，然后从原因着手，给自己信心，努力克服自己的恐惧情绪。

2. 打个草稿

每次打电话给别人之前，给自己打个草稿，把要说的内容用笔写在纸上，内容越全面越好，比如那个人的称呼、你找他的原因、你打这个电话需要达成的目的等。然后电话通了之后照着写下的内容慢慢说。

3. 暗示疗法

暗示疗法内容很简单，首先要微笑，在你打电话的时候保持微笑，你的心情自然会放松，思路也会变得清晰起来，紧张的情绪引起的无法说话自然就会减轻了，然后还要不断暗示自己可以，增加自信，告诉自己能做到克服电话恐惧症。

4. 克服胆怯（不敢打）

怕客户拒绝、怕骚扰客户、怕自己的心灵受到伤害、怕失败等，胆怯的心态是所有电话营销人员所共有的心态，自始至终都困扰着电话营销人员而不能自拔。

胆怯是因为想得到什么，因此害怕失去什么。胆怯是自我防御的一道屏障，也是潜意识的自我保护。销售人员出现胆怯的心理是非常正常的现象。每个人的性格不一样，有的人是外向型的，天生就喜欢与人沟通。有的人比较内向，感觉到与人沟通就是一种痛苦。如果把胆怯放大，销售工作就无法开展，但有的销售人员能够非常成功地化解胆怯的心理。

有些客户经理也会有胆怯的心理，这是非常正常的现象。销售人员走向成功，必须要迈过这道坎，如果销售人员有意识地去“冷藏”自己的一些缺陷，那离成功就近了一步。

电话营销人员之所以胆怯，是因为在与客户沟通时，从开始到结束都是在运用销售的角色。化解胆怯就需要扮演九种不同的角色，从而分解每个阶段的胆怯心理。

5. 多实践

在实际工作中，每个电话营销员的前面都存在着一个个隐形的玻璃盖，他们要想跳出这个隐形玻璃盖的限制，唯一的办法就是不断用力跳。具体来讲，就是在做电话营销工作时要脸皮厚一点，再厚一点，并学会努力地大步往前冲！及时调整心态，把负面情绪努力调整为正面的、积极的认知，并感激那些使自己变得更坚强的人。这样，电话营销人员在面对拒绝时才能做到“勇者无敌”。

在这个世界上，在你没有行动之前，最好不要对任何事情说不可能，因为事情的可能与否只有当你真正去做了之后才具有发言权。彼得·德鲁克曾说：“管理是一种实践，它的本质不在于知，而在于行！”对电话营销人员来说，这种管理就是自我的管理，因此，如果你想证明自己，就要有勇气站出来，用行动去对不可能说“不”。行动是勇气的开始，行动带来成功。

6. 多做几次

人要想让自身的肌肉长得结实有力，方法只有一个，那就是多进行体育锻炼。这时你可以选择去健身俱乐部，利用跑步机和哑铃进行锻炼，也可以选择早晚去公园跑步。一个人如果缺少勇气，那就不必花钱去买“勇气增长药”，而是要去做！你可以做大事，也可以做小事，只要做就可以。

①用行动去解决那些让自己感到害怕的事，如果一次解决不了，就多做几次，总之千万不要放弃。

②让自己变得积极主动起来。比如，主动与初次相识的客户寒暄、介绍自己，把自己当成聚会中的焦点人物。要多次尝试这么做，直到熟练为止。这样做的好处，就是可以锻炼自己的勇气。

③发扬“初生牛犊不怕虎”的精神，积极面对困难，不要有过多的思想顾虑。

④不做自己吓自己的傻事。奥玛布莱将军有句名言："勇敢是即使吓得半死时仍能表现得宜。"电话营销人员更应该具备这种心理素质。如果你还没弄清楚什么原因就拉警铃，并把自己吓得手足无措，可想而知你是多么幼稚可笑。所以，在你打电话之前，不要根据自己的一知半解就给客户妄下结论，结果把自己弄得很被动。

⑤艺高人胆大。如果你是一名刚入行的电话营销人员，你可能会为自己工作经验少、产品知识了解得不充分等原因而缺乏与客户沟通的勇气。其实，这些担心都是没必要的，因为工作经验需要你通过和客户交流来积累，而产品知识需要你去努力熟悉，与其在怯懦中惶惶不可终日，倒不如用知识和经验去充实自己。当你觉得自己有"分量"时，勇气自然而然也就出来了。

对于电话营销人员来说，不管你多么紧张、多么害怕、多么没有胆量，该做的事情还是要立即去做，不要有一点拖延，这样你才能找回自己的胆量，驱除心中的害怕和紧张。

自信自我评估调查

自信是一个人求职、生活和事业的重要心理品质，也是一个人迈向成功的关键。相信自己，发挥潜能，终能得到属于自己的未来。下面我们来做一套关于自信的测试题，看看你的自信心是否真的牢不可破。做题速度要快，要按自己的实际情况选择答案。

1. 你的朋友在某种场合提出你认为欠妥的想法，你将怎么办？（　　）

A. 支持他的想法，但事后找个借口不参加这项活动

B. 设法说服他改变想法

C. 先看周围人对他的反应，再决定是否支持他

2. 如果上级领导对你进行了不当的批评，你会怎么办？（　　）

A. 尽全力为自己辩护，并显得情绪激昂

B. 冷静、理智地述说自己的看法

C. 不争辩、不言语，但心里不舒服

3. 你第一次去朋友家找他，因门牌号码不清楚而苦恼，这时你会怎么办？（　　）

A. 按门铃问

B. 打电话问

C. 继续自己找

4. 你参加一个社交派对，有一个异性非常吸引你，你会怎么做？（　　）

A. 希望对方能注意到自己

B. 要求他人介绍

C. 自我介绍

5. 在公开场合讨论某一问题时，你会采取什么态度？（　　）

A. 尽量充分阐述自己的观点

B. 除非别人询问，否则不发表意见

C. 等到别人说完看法后，再发表自己的意见

6. 当你走进一个社交派对时，你首先要做的事情是什么？（　　）

A. 寻找自己的朋友，并参与他们的谈话

B. 与最靠近自己的人交谈，即使对方是个陌生人

C. 不与任何人交流，先喝饮料或吸烟

7. 你的上级让你叫他的名而不叫姓，你有什么感觉？（　　）

A. 高兴

B. 无关紧要

C. 不自在

8. 你对自己的外表感觉如何？（　　）

A. 假如我的体重能减轻，我会对自己的外表很满意

B. 只有穿着有质感的衣服时，我才会觉得自己有吸引力

C. 我对自己的外表很满意

9. 你的好朋友当选了领导职务，你会怎么办？（　　）

A. 由衷地为他的成功感到高兴

B. 你为自己没得到那个职位而生气

C. 烦恼，认为他没有什么了不起的

10. 当你和上级领导讲话时，你的眼睛（　　）。

A. 不敢看着他，左顾右盼

B. 只偶尔偷偷看看他，表示害怕

C. 与他的眼睛对看，表情自然，不亢不卑

11. 在寻找新工作时，你感觉如何？（　　）

A. 感到很紧张

B. 抱着无所谓的态度

C. 感到自己很有实力，充满自信

12. 领导让你做一件关乎你前途的重要工作，你将怎么做？（　　）

A. 要求领导明确你应达到的目标及所能有的权限和条件

B. 表明你必须拥有一定的权力和条件以完成任务

C. 要求领导在你完成这项工作以后，恢复你原来的工作

13. 在开会时你有一个问题，你会怎么做？（　　）

A. 站起来提出

B. 会后私下提出

C. 希望有人代你提出

14. 你被提名参加竞选某社团主席职位，你希望得到那个职位，但你的朋友认为参与社会工作是浪费时间的事，你会（　　）。

A. 接受提名，展开竞选活动

B. 拒绝提名，因为你没有把握获胜

C. 拒绝提名，因为你不愿意朋友们认为你是无聊的人

15. 你如何看待别人对你的看法？（　　）

A. 很在意

B. 根本不予理会

C. 无所谓

16. 在进入陌生人的房间以前，你的表现如何？（　　）

A. 在相当一段时间内犹豫不决

B. 等有人进去时一起进去

C. 毫不犹豫地走进去

17. 在理论上，你对自己的评价是（　　）。

A. 勉强及格

B. 我已尽力，但能做得更好

C. 我已尽了最大的努力

18. 假如你的领导在会议上发言时，引用了一些不确切的数据，你怎么办？（　　）

A. 巧妙地打断他的话，指出错误

B. 当他发问时，你趁机要求他纠正错误

C. 在会后私下告诉他他犯的错误

得分规则：

	1	2	3	4	5	6	7	8	9	10	11	12	13	14	15	16	17	18
A	3	3	1	1	3	1	3	3	1	3	3	3	1	1	3	3	3	1
B	2	2	2	2	2	2	2	2	2	2	2	2	2	2	2	2	2	2
C	1	1	3	3	1	3	1	1	3	1	1	1	3	3	1	1	1	3

参考解析：

1. 25 ~40 分，说明你自信心十足，明白自己的优点，亦清楚自己的缺点。不过，如果你的得分接近40 分的话，你可能是一个自大狂傲，甚至气焰太盛的人，你不妨在别人面前谦虚一点，这样人缘才会好。

2. 12 ~24 分，说明你对自己颇有自信，但内心或多或少地缺乏安全感，时常怀疑自己。你不妨提醒自己，你在各方面都并不比人差，特别要强调自己的才能和成就。

3. 11 分以下，说明你对自己显然信心不够，你过于谦虚和自我压抑，因此经常受人支配。从现在起，尽量不要去想自己的弱点，多往好的一面想。只有学会看重自己，别人才会真正看重你。

培训指导

请完成表4－2的测试，根据你的感觉，在对应的空格里打“√”。

表4－2　　电话营销情绪掌控测评

测试类型	是	否
1. 客户拒绝我，我心情一般都很难过		
2. 我感觉“电话营销真难做”		
3. 一到公司，我就觉得很紧张，拿起电话更加紧张		
4. 我很害怕打电话		
5. 遇到不开心的事情，我总是将它闷在心里		
6. 遇到无理取闹的客户时，我很烦恼		
7. 我接电话很紧张		
8. 身体总是很僵硬，总觉得无精打采的		
9. 早会或者午会时，激励的活动我不想参与		
10. 从来没有问过自己“这件事情有什么好的一面”“我现在应该如何做，才能让自己快乐起来”这样类似的问题		

测试评分：

7～10个“是”，你的情绪管理能力一团糟，电话营销对于你来讲是一份不快乐的工作；3～6个“是”，你渴望拥有健康快乐的心情，不过有时却感到难以控制自己的情绪；0～2个“是”，你是办公室的开心果，总是满面春风。

请完成表4－3的测试，根据你的感觉，在对应的空格里打“√”。

表4－3　　电话营销心态测评

试题类型	是	否
1. 我有很强的上进心		
2. 我的生理和心理都很健康		
3. 我拥有独立的经济能力		

续 表

试题类型	是	否
4. 我打电话总是很自信		
5. 我能控制自己的情绪		
6. 我没有害怕的心理		
7. 我能与朋友长久共处		
8. 我的生活各方面都能取得平衡		
9. 我能自我激励		
10. 我有抗击挫折的能力		

参考解析：

如果你的答案中有 7 ~ 10 个“是”，表明你能保持积极的心态，掌控自己的思想，并引导它为自己设计的成功目标服务；如果你有 3 ~ 6 个“是”，表明你渴望拥有积极快乐的心态，不过有时却感到难以控制自己的情绪；如果你有 0 ~ 2 个“是”，表明你的心态很消极，而且已经渗透到了你的思想之中，影响了你的正常工作和生活。

第五章
电话营销人员礼仪培训

电话是客户与企业的客户服务人员沟通的主要方式之一，客服人员应正确接打电话，以良好的个体形象赢得客户，促进双方的友谊和合作。接打电话的要领是礼貌、准确、高效。

10 个接打电话的沟通礼仪

电话营销员进行销售的最初环节是拨、接电话。那么，如何在电话沟通中给对方留下好印象呢？这首先需要有好的接打电话礼仪。接打电话的礼仪有哪些呢？

1. 电话铃响两声后再接

日常生活中，有人认为很快接听电话是一种美德，电话刚刚响起，很快就拿起了电话；有人哪怕手边没事也仍要等电话响五六声才去接听。那么，这两种习惯哪种更为可取呢？大多数时候，没有人喜欢浪费时间去等待，然而，假若接听太快，会让客户措手不及，这是因为人皆有一个心理适应期。所以，要规避电话铃响了五六声后还无人接听，也不可一听到铃响就立即接起电话，最好在电话铃响两声后前去接听。

2. 拿起电话时要说“您好”

电话铃响两声后，接起电话时有必要说“您好”，向对方表示简单的问候。问候的作用主要在于给双方一个心理调整时间，这样更加容易让双方从容不迫地进入话题。所以，“您好”不只是代表一种礼貌问候语，而且可以给对方一定的心理适应时间。

客户听到较为亲切的问候语后，会更加心平气和的谈话，并对公司以及电话营销员产生较好的印象。此外，假若在电话铃响起时，电话营销员正在和同事闲聊，应该马上终止谈话，悄悄做一个深呼吸，调整好心情后再接听电话，这样电话营销员才可以专注于电话中所谈的内容。

3. 用电波传递你的微笑

尽管电话营销员所说的内容非常重要，然而说话的态度及语气更加重要。冷漠、敌对以及过于含蓄的语气都会使顾客更加反感。电话营销员微笑着谈话可以更为有效地将友好通过听筒传递给客户，从而在客户心中留下较好的印象。除此之外，微笑还能更好地调适销售人员本身的心情，增强信心。

一个电话营销员假如很想获得客户的好感，首先需要真诚。假若电话营销员能微笑着接打电话，会传递给客户一种亲切的感觉，这种亲切的感觉还能感染、融洽双方的交谈。

4. 请给对方更多的选择

客户在非常繁忙之时被一个电话打扰，非常容易恼火。要知道在忙乱中被陌生人打扰是非常令人反感的一件事。这时使用征询对方的意见方法，向客户征询“您现在说话方便吗?”或者“能给我几分钟的时间吗?”既能表现出对客户的尊重，又能给客户留下可以选择是否谈话的余地。

5. 尽量缩短“请稍候”的时间

在接听电话的过程中，电话营销员如果因为查找资料而让客户等的时间太长，客户可能会由于没有耐性等待而挂断电话。电话营销原则中有一条就是：不可让客户等待电话的时间过长，假若真的需要客户等待，应当明确告诉客户所需要等的时间。

很多电话营销员往往会这样做：明明需要客户等待 10 分钟，然而担心客户等得不耐烦，便谎说成需要等 5 分钟，其实这种做法往往适得其反。人们大都有这样的心理，假若对方让自己等待 10 分钟，而实际等待的时间没有到 10 分钟，那么内心会较为满意，对对方很容易产生好感；假若对方明明需要让自己等待10分钟，可是偏偏说让自己等待5分钟，结果等待的时间过于漫长，那么很容易产生焦躁心理。所以，一个明智的电话营销员就应该实事求是地告诉客户需要等待的时间，这样才不会让客户产生反感。

除此以外，为了缩短让客户静候的时间，电话营销员最好在通话前预备好所有的资料，并且熟练地知道资料内容。这样一来，当客户问及资料上的某个问题时，才可以更为轻松、快捷地找到答案。

6. 若商谈的事情很多，请事先告知对方

销售员利用电话进行销售的时间不应当过长。假若需要商谈的事情非常多，要提前通知客户，给客户一个心理准备。假若客户表示时间充裕便可以继续谈下去；假若客户表示时间仓促还有要事要做，最好简短地表明打电话的本意，约好下次再谈的时间，以表示对客户的充分尊重。

7. 确定双方的沟通是否良好

因为电话沟通的局限性，双方无法面对面地看到彼此。所以无法确定对方在与不在，是否在听电话，较易给说话者造成心理障碍。比如，销售员无法确定自己的话是否被客户认同，客户不清楚销售员对自己的话有没有兴趣。因此，电话营销员在打电话的时候，应尽可能地通过有效手段确定双方的沟通良好。例如，在通话过程中，销售员可以适时地抛出这样的问话："您觉得呢?""您是怎么看的呢?""您在听吗?"这样可以使客户的注意力得到有效集中，进而确定对方有没有在听。电话营销员只有确定对方还在继续听后，才会放心地继续沟通。

8. 信守承诺，从我做起

电话营销员在电话中讲出的话需要做到言出必行，承诺客户的事情，不管怎样都要做到。然而，有些电话营销员因为感觉承诺代表着负责，从而很少做出承诺，其实这样做也是不正确的。

明明知道自己的能力范围，不做出超出自己能力范围的承诺确实是明智之举。然而，由于害怕承担责任而一味地推托，也无法赢得客户的心。乱打保票与高高挂起这两种态度都是不负责任的表现，尽自己最大的努力提供给客户帮助，才是电话营销员最好的表现。

9. 电话突然中断，请主动回拨

在和客户通话过程中，往往会有因信号不好或者误操作致使电话中断的情形。遭遇这种情况，电话营销员应当怎么办呢？等待客户打过来吗？一般情况下，我们都存在这样的想法，假若不是自己的原因中断了电话，可以等着对方将电话打过来。事实上，在和客户沟通时，哪怕不是自己的原因导致电话中断了，电话营销员也应该主动地马上回拨。这样做更能够体现出电话营销员积极交往的态度，更容易赢取客户的信赖。

10. 确认对方挂断后再挂电话

双方沟通结束后，在和客户结束电话时，除了要向对方表达谢意之外，说声再见，还要让客户首先挂电话。这不仅体现了电话营销员的基本涵养与礼貌，而且可以防止客户的话没有讲完，同时还会令对方有一种掌控通话的感觉。相比较首先挂断电话，让自己而不是使客户听到最后生硬的断线声，客户的心理感受是完全不同的。一名电话营销员要想赢得客户的好感，就必然要先尊重客户的感受。正如戴尔·卡耐基所说："你不可能有第二次机会来建立你的第一印象。"

电话营销员的销售模式是以电话为主的，通过培养接打电话的一些习惯，往往能给客户留下较好的印象，这样销售的展开也能更容易。

培训指导

电话沟通的一般顺序及注意事项

表 5－1　　电话沟通一般顺序及注意事项

顺序	基本用语	注意事项
①拿起电话听筒，并告知公司的名称及自己的姓名	"您好，××公司，我是××。" "您好，我是××公司××部门的××。" 电话铃响3声之后，"对不起，让您久等了，我是××公司××部门的××。"	①准备相关资料； ②一定要有耐心； ③铃响3声之内接听，3声之后应给对方道歉； ④音量适中，比平时谈话时稍高

续 表

顺序	基本用语	注意事项
②确认对方	“××先生吗？您好！”“××经理，您好，非常感谢您的来电。”	①必须确认对方； ②如果是要找的人要表达感谢之意
③询问并听取来电缘由	“您好，请问您找哪一位？”“请问我有什么可以帮您的？”“是，好的，我知道，我明白”等回答	①详细询问顾客来电原因； ②必要时做记录； ③谈话时回应顾客，专注于电话
④进行确认	“今天上午十点三十分要他准时打电话给您是吗？”	①对重要的时间、地点、对象等要加以确认； ②如需传言必须记录下准确的通话时间及对方姓名； ③语速不宜过快
⑤结束语	“我非常清楚。”“请放心，我一定给您转达。”“再次谢谢您的来电。”	语言诚恳、态度友善
⑥放回电话		等对方放下电话后再轻轻放下听筒

注意打电话时的姿态

打接电话，是我们在日常生活中常常进行的事情。打接电话的姿势，也是千姿百态，各有千秋！站着、坐着、躺着、趴着、侧卧着、把电话夹在脑袋和肩膀中间的……不一而足！

1. 站姿要求

站姿的基本要求：“站如松。”具体要求如下：

①两脚跟相靠，脚尖展开45°~60°，身体重心主要支撑于脚掌、脚弓之上。

②两腿并拢直立，腿部肌肉收紧，大腿内侧夹紧，髋部上提。

③腹肌、臀大肌微收缩并上提，臀、腹部前后相夹，髋部两侧略向中间用力。

④脊柱、后背挺直，胸略向前上方提起。

⑤两肩放松下沉，气沉于胸腹之间，自然呼吸。

⑥两手臂放松，自然下垂于体侧。

⑦脖颈挺直，头向上顶。

⑧下颌微收，双目平视前方。

2. 坐姿要求

坐姿的基本要求：“坐如钟。”要端庄、文雅、得体、大方。

优雅的坐姿传递着自信、友好、热情的信息，同时也显示出高雅庄重的良好风范。我们经常会见到一些不雅坐姿，比如两腿叉开，腿在地上抖个不停，而且腿还跷得很高，让人实在不敢恭维。那么，如何才能在正式场合坐得得体呢？

（1）“正襟危坐”式

适用于最正规的场合。要求：上身和大腿、大腿和小腿，都应当形成直角，小腿垂直于地面。双膝、双脚包括两脚的跟部，都要完全并拢。

（2）垂腿开膝式

它多为男性所用，也比较正规。要求：上身和大腿、大腿和小腿都成直角，小腿垂直于地面。双膝允许分开，分开的幅度不要超过肩宽。

（3）前伸后曲式

这是女性适用的一种坐姿。要求：大腿并紧后，向前伸出一条腿，并将另一条腿屈后，两脚脚掌着地，双脚前后要保持在一条直线上。

（4）双脚内收式

它适合在一般场合采用，男女都适合。要求：两条大腿首先并拢，双膝可以略为打开，两条小腿可以在稍许分开后向内侧屈回，双脚脚掌着地。

（5）双腿叠放式

穿短裙的女士适合采用。要求：把双腿一上一下交叠一起，交叠后的双腿间不存在任何缝隙，就像是一条直线。双脚斜放在左右一侧。斜放后的腿部和地面呈45°角，叠放在上的脚尖垂向地面。

（6）双腿斜放式

它适合于身穿裙子的女士在比较低的位置就座时使用。要求：双腿一定要并拢，之后双脚向左或向右侧斜放，尽量做到使斜放后的腿部与地面呈45°角。

（7）双脚交叉式

它适用于所有场合，男女都可选用。要求：双膝首先要并拢，之后双脚在踝部交叉。需要留心的是，交叉后的双脚可以内收，同样可以斜放，最好不可向前方远远地直伸出去。

培训指导

外形自我评价

小刘是一位新来的销售员，她和一些同事认为电话营销人员不需要直接面对客户，因此着装可以很随意，想怎么穿就怎么穿，也不用注意自己的精神面貌和行为举止，而且有这种想法的不止一人。为此，经理专门对他们进行了外在形象塑造的培训。请你与小刘一起完成以下任务：

（1）电话营销人员不用与客户面对面，所以外在形象不重要，你认为对吗？谈谈你对电话营销人员外在形象的认识。

（2）电话营销人员应做好哪些外在形象准备？

（3）你知道公司对电话营销人员着装有哪些具体的要求吗？

（4）明确了电话营销员外在形象的要求后，互相评价，完成表5－2。

表5－2　　电话营销员外在形象评价表

时间：　　　　被评推销员：　　　　评价者：

项目	评价	改进建议
头发（胡子等）		
面容		

续 表

项目	评价	改进建议
着装		
坐姿		
站姿		
笑容		
身体语言		
整体气质		
其他		
综合评价		

接电话礼仪的3个原则

1. 迅速准确地接听

电话铃一响，应尽快接听，最好不要让铃声响过3遍。如果电话铃响了3声才拿起话筒，应该先向对方道歉，拿起电话应先自报家门，“您好，我是××”。

一定不可以用非常生硬的口气说“他不在”“打错了”“没这人”“不知道”等。询问时应注意在适当的场合，根据对方的反应接着委婉询问。电话用语应当文明、礼貌，态度最好热情、谦和、诚恳，语调最好平和，音量要适中。

2. 让客户知道你在干什么

电话沟通的局限在于无法面对面地观看到彼此。因为不确定对方在或者不在，以及他有没有在听电话，这最先会造成沟通上的心理障碍。所以，在接听客户电话时，应最好通过有效的手段让对方确定双方建立了良好的沟通。经常性地运用一些提示性语言，表示正在认真地聆听对方说话，例如“是的”“我理解”“不错”等。也可以直接告知对方目前所做的事情，例如“您稍等，我需要先把电脑打开”等。这样，才可以更加充分地促进双方更好地了解，从而顺利地进行有效交流。

3. 认真清楚地记录

电话旁边应当准备好备忘录与笔。随时牢记5W1H技巧，即①When（何时）；②Who（何人）；③Where（何地）；④What（何事）；⑤Why（为什么）；⑥How（如何进行）。在工作中这些资料都是相当重要的。电话记录不仅要简洁而且要完备，这便有赖于5W1H技巧。我们首先应该了解对方来电的目的，如果自己没有办法处理，也应该认真记录下来。记录来电者的信息通常包括：来电者姓名、公司或机构名称、地址、电话、传真、联系人、公司（网络）情况、来电目的；希望得到的答复、来电的时间等各方面有效的信息。在传达一些数字消息时，如电话号码、日期、时间等，一定要向对方多次进行确认。在电话里不如面对面时聊得清晰，遇上电话信号不好或说话人带有地方口音时，接听者往往就会拿不准或听错，这样一来就会耽误事情，再次确认一些数字信息就显得尤为重要。

培训指导

情景练习

在这段对话中，陶虹是一家保险公司的前台。今天她接到几位客户的电话。

情境一：

陶虹：早上好。太平洋保险，请问您有什么事吗？

客户李先生：我是李国志，请袁成华听电话。

陶虹：请稍等。我给您转过去。

客户李先生：谢谢。

情境二：

陶虹：早上好。太平洋保险，我是陶虹，请问您找哪位？

客户孙先生：我是孙威麟，请你们的客户服务部经理接电话，好吗？

陶虹：对不起，他在开会。要留个口信吗？

客户孙先生：他什么时间方便？

陶虹：这个我不太清楚。先生，您需要留个口信吗？

客户孙先生：不用了。我会再打过来的。

情境三：

陶虹：早上好，梅林女士的办公室，我是陶虹，我能为您做什么吗？

客户魏女士：我是魏华，我要约见梅林女士，她知道我是谁。

陶虹：请稍等，我查一下她的日程……明天10：00可以会见梅林女士，您方便吗？

客户魏女士：很好。非常感谢。

请分组练习上面对话，并分析陶虹对哪位顾客的电话沟通最为恰当。

终极礼仪法则：选、等、转

1. 选——选择合适的时间

在电话营销中，电话营销人员应仔细针对每个客户的情况选择适当的时间拨打电话，这样就会事半功倍。

电话营销的最大特点就是客户无法拒绝与电话营销人员沟通，这也是电话业务的优点。但如果不对客户管理系统加以合理地利用，这也会成为电话业务最大的弊病。因为在电话铃响时，客户不知道来电的具体意图，这使他丧失了拒绝的权利。在接起电话后，即使有急事，出于礼貌也不能不顾一切地挂断电话，但在他的心里，就已经产生了抗拒的心理，于是，电话营销人员的销售从一开始就处于最低点。所以，更需要选择一个合适的时间拨打电话。

（1）以一星期为标准

星期一，这是双休日结束后上班的第一天，客户肯定会有很多事情要处理，一般公司都在星期一开商务会议或布置这一周的工作，所以大多会很忙碌。如果要联系业务的话，尽量避开这一天。

如果电话营销人员找客户确有急事，应该避开早上的时间，选择下午会比较好一些。星期二到星期四，这三天是最正常的工作时间，也是进行电话业务最合适的时间，电话营销人员应该充分利用好这三天。

星期五，一周的工作结尾，如果这时打电话过去，多半得到的答复是："等下个星期我们再联系吧！"这一天可以进行一些调查或预约的工作。

（2）以一天为标准

早上8：00—10：00，这段时间大多客户会紧张地做事，这时接到业务电话也无暇顾及，所以这时，电话营销人员不妨先为自己做一些准备工作。

10：00—11：00，这时客户大多不是很忙碌，一些事情也会处理完毕，这段时间应该是电话行销的最佳时段。

11：30—下午1：00，午饭及休息时间，除非有急事否则不要轻易打电话。

下午1：00—3：00，这段时间人会感觉到烦躁，尤其是夏天，所以，不要去和客户谈生意。

下午3：00—5：00，努力地打电话吧，这段时间是电话营销人员创造佳债的最好时间。

另外，对于那些晚上仍在忙碌工作的客户，若是比较熟悉的，或是和客户预约好的，也可以在晚上打电话，但要注意，时间不宜长。

如果电话营销人员需要打电话到客户家里时，下午4点以后不要再打，因为这时一般家庭都应该开始忙碌晚饭了，如果这时电话铃声响起，很容易令人厌烦。

以下是对于各职业人员最佳的打电话时间：

①会计师：切勿在月初和月末，最好是月中。

②医生：上午11：00后和下午2：00前，最好的日子是雨天。

③销售员：上午10：00前或下午4：00后，最热、最冷或雨天会更好。

④演员：避免在周末时候。

⑤行政人员：上午9：30后到下午4：00。

⑥股票行业：避开在开市后，最好在收市后。

⑦银行家：早上 10：00 前或下午 4：00 后。

⑧公务员：工作时间内，切勿在午饭前或下班前。

⑨艺术家：早上或中午前。

⑩药房工作者：下午 1：00—3：00。

⑪餐饮业从业人员：避免在进餐的时候，最好是下午 3：00—4：00。

⑫建筑业从业人员：清早或收工的时候。

⑬律师：上午 10：00 前或下午 4：00 后。

⑭教师：下午 4：00 后，放学时。

⑮零售商：避免周末或周一，最好是下午 2：00—3：00。

⑯工薪阶层：最好在晚上 8：00—9：00。

⑰家庭主妇：最好在上午 10：00—11：00。

⑱报社编辑记者：最好在下午 3：00 以后。

⑲商人：最好在下午 1：00—3：00。

2. 等——电话等待的礼仪

（1）遇到下列情形时，客户需要等待

①订单的查询。

②账单的查询。

③送货情况查询。

④附加产品信息问询。

⑤相关政策问询。

⑥查询搜索。

⑦问题升级。

（2）客户等待时，客户服务人员需要做的事项

①告诉客户“为什么”。

②使用“询问”语句征得客户同意。

③给客户一个等待时限。

④“××先生/小姐，就您所提到的这个问题，我要查询相关具体资

料，请您稍等一分钟好吗?”

（3）客户在等待过程中，客户服务人员一定要做的事项

①牢记“他们在听”。

②时刻记住对方在等待。

③与客户适当地谈论相关话题。

3. 转——电话转接的礼仪

电话转接时，客户服务人员需要：

①向客户解释电话为什么需要转接。

②询问客户是否介意电话被转接。

③转接电话挂断之前需确定被转接电话处是否有人接听。

④被转接电话接听后需告知被转接电话人的姓名。

⑤询问来电者姓名。

⑥询问来电目的。

⑦被转接人接听电话后应感谢客户的等待。

培训指导

填写正确的礼貌用语

下面是在电话推销过程中几种接听电话时常见的情景，请填写正确的礼貌用语并完成相关任务。

表 5－3　　情景模拟

情景	不当用语	礼貌用语
向人问好	喂	
自报家门	我是××公司的	
询问对方身份	你是谁	
询问别人姓名	你叫什么名字	

续 表

情景	不当用语	礼貌用语
询问对方姓氏	你姓什么	
要对方电话	你电话是多少	
要找某人	给我找一下××	
询问找何人	你找谁啊	
询问有何事	你有什么事	
叫对方等待	你等着	
人不在	他不在	
他不在	他现在不在这里	
待会儿再打	你待会再打吧	
结束谈话	你说完了吗	
做不到	那样可不行	
不会忘记	我忘不了的	
没听清楚	什么？再说一遍	

第六章
电话营销人员声音训练

电话员在处理客户给你的信息中，只有很少部分是经由文字形式，绝大部分是经由说话语气传达的。声音是传递文字和说话语气的载体，电话营销的成功主要是靠声音来完成，声音可以传递你的态度和热忱，可以在很大程度上影响你的销售是否成功。

润物无声，用声音去感染客户

你们在电话中都乐意与什么样的人交流或沟通？答案多种多样，比如声音甜美、有磁性、沉稳、清晰、平和、亲切、思维敏捷、耐心、简洁、不打官腔、思想集中、直奔主题、讲普通话、理解力、易沟通、立马解决问题、礼貌、有问必答、热情、让人产生遐想、幽默、可爱……

假若我们对上面的要点进行一次总结，会很容易发现其中有些是和声音有关的，比如声音甜美、富有磁性等；有些是和讲话方式相关的，比如简洁等；有些是和态度有关的，比如耐心、思想集中等；也有些是和个性相关的，比如有人喜欢热情的人等。这中间同时涉及专业程度，比如立马解决问题等。在这里，我们将其中相当多的部分全部归纳与总结为电话中的感染力。

不管是面对面和客户进行沟通，还是通过电话和客户联络感情，感染力都是影响沟通效果的一个至关重要的因素。众所周知，沟通中的感染力主要来源于三个方面：身体语言、声音以及措辞。在面对面进行沟通过程中，它们在感染力中所起的重要程度分别为身体语言占55%、声音占38%、措辞占7%。

当我们通过电话和客户进行沟通时，因为双方互相看不到，因而这种感染力将更多地体现在声音与措辞上，声音占55%，措辞占45%。

有一点我们要留心，尽管在电话中我们和客户彼此看不见，然而这并不代表我们的身体语言不会影响感染力。

强有力的声音感染力会导致客户快速接受并喜欢电话营销人员，对建立瞬间亲和力有非常大的帮助。从沟通要素来观察，声音感染力来自声音特性与措辞。

1. 悦耳的声音赢得良好的第一印象

对于一个电话营销人员来讲，声音代表了自己的形象，只有学会用声音给客户留下美好的第一印象，接下来的沟通才能顺利进行。

电话营销人员应该让悦耳的声音成为自己专业服务的标志。显示出自己的声音魅力，就可以吸引客户与自己交谈，让客户更愿意听自己在说什么，无形中增加了成交的概率。

2. 音量适度，为通话效果锦上添花

在通话过程中，如果电话营销人员的音量偏低，就会让客户感觉很压抑，还会听不清楚你所讲的话，这样客户就会在潜意识拒绝与你继续通话。但是如果电话营销人员的音量偏高的话，又会让客户觉得刺耳不舒服。因此，对于电话营销人员来说，音量的高低要配合音调音速的变化，让嘴与话筒保持适当的距离，这样发出的每一个音节就会既清晰、干脆又不刺耳，若再有意识地对自己说话的音量加以把握，就能取得锦上添花的效果。

3. 声音也有情绪

人的情绪是可以通过声音来传染的，因此，电话营销人员要有意识地培养自己的积极情绪。不管每次的电话通话成功与否，都要做到对于接下来的另外一通电话没有任何不良影响。如果电话营销人员用这种积极的心态去跟客户沟通，就会让客户有温暖的感觉，客户即使有什么不开心的事，也会被他的积极情绪所感染，从而让自己也变得积极开心起来，这样一来，电话营销人员与客户之间的通话就会变得很愉快。要知道像跟朋友谈天似的销售才是最好的销售方式。

培训指导

练习共鸣腔

训练目的：

(1) 追求声音的圆润、集中、响亮。

(2) 具有穿透力。

具体做法：

首先闭嘴发出“嗯—”音，留神闭口发音时，使气息通过软腭后部，进到头腔。这时气息要是流向正确，可以发出比较清亮的“嗯—”音，之后慢慢张开口（而口腔内依然保持发“嗯——”音的位置）。此时，要是能做到“嗯——”音不跟着嘴巴的开合而出现音色明暗的变化，则表示位置正确。

训练时间：

坚持练习 4 周；每周练习 3 次，建议早晨练习；每次为 30 分钟。

提高声音感染力的技巧

西方沟通学家将声音叫作“沟通中最强有力的乐器”，不过很多人却不明白自己的声音是“乐器”或者是噪声。原因是因为每个人听到自己的声音都是通过自己的颅骨传播而来的，而其他人听到的你的声音是通过空气传播的，介质不一样，你听到的自己的声音也就与别人听到的你的声音有所不同。

要想得知自己声音的本来面目，你可以用录音机录下自己的声音来听，之后根据自己声音的实际状况加以训练，这样才会达到更好的沟通效果。

假若想让声音变得更富有魅力，电话营销人员应该怎样进行声音的训练呢？

1. 用热情传达感染力

在跟客户交流时，说话一定要充满热情，这是电话营销人员在工作中必须要做到的。热情是可以传染的，虽然客户看不见电话营销人员的表情，但是客户却可以通过声音感受得到。电话营销人员在打电话时，如果一直紧绷着一张脸，不苟言笑，说的话也是冷冰冰的，没有多少热情可言，试想一下，客户还会有耐心和你继续聊下去吗？因此，很多时候，电话营销人员应该努力让自己高兴起来，让自己的面部表情变得丰富，只有心境快乐了，才能影响客户、感染客户，从而激起客户对产品的热情。

2. 说话时变化语调

说话的语调能反映出一个人的内心世界，更能表露出一个人的情感和态度。在进行电话营销的过程中，无论电话营销人员跟客户谈论什么样的话题，都要尽力让自己说话的语调与所谈及的内容相互配合。要善于变化语调，这样客户才会感受到电话营销人员的诚意。同时，适时地变换语调，也能给客户带来新鲜的不一样的感觉，更能吸引客户的注意力。

3. 控制说话的速度

对于电话营销人员来说，说话的速度是很有讲究的。具体来讲，就是既不能太快也不能太慢，话说得太快，会让客户感觉无法跟上，还会给客户造成一种紧张感、焦虑感；而太慢又会让客户感觉电话营销人员反应迟钝、过于胆小谨慎，会给客户造成一种拖沓的感觉。

另外，对于不同地域的人，电话营销人员跟其说话的速度也应该不一样。电话营销人员说话的某一速度也许对南方人来讲十分恰当，但到了北方人这边可能就会显得有点太快了。这时就需要电话营销人员根据自己的实践经验去灵活调整。

4. 调节说话的音量

在电话营销过程中，中等音量是比较理想的，太大或太小都不好，最适当的音量就是能跟客户的音量差不多。电话营销人员要能跟着客户的不同需求来调节自己说话的音量。假如你说话的声音非常高，而客户说话的声音非常低，就得学会把自己的声量降低一点，这样就不会给客户造成一种比较强势的感觉了。

电话营销声音感染力评价表

电话营销声音感染力评价表

评估项	评分	好的地方	需要改进的地方
运用停顿			
自信、措辞			
语调、语气			
强调重点、抑扬顿挫			
语速、音量			
微笑、身体语言			

说明：1 分表示最差；5 分表示最好。

魅力声音的 6 个关键因素

究竟什么样的声音是客户期待听到的？究竟什么样的声音会更加富有感染力？究竟什么样的声音会使自己听起来更像一位电话美人或者电话绅士？以下是我们总结的魅力声音的 6 个关键因素。

1. 随时保持微笑

可能有的人会说，反正是通过电话与客户沟通，客户又看不见我们的笑容，保持微笑又有什么意义呢？这完全是错误的，虽然客户的眼睛看不见你挂在嘴角的微笑，但是他的耳朵却可以“听见”你的微笑。

微笑是可以通过电话线进行传递的，电话营销人员一定要记住这一点。

在我们的脸上有许多条不同的肌肉，当你张开嘴巴微笑的时候，这些肌肉就活动开来，从而影响到你的鼻腔、口腔、咽喉腔的出气方式，进而影响到声带的震动，最后影响到你的发音，使得声音的磁性大大增加，客户听着也会感觉很舒服，你被拒绝的可能性也会大大降低。

更为重要的是，因为微笑是和开心、快乐的情绪联系在一起的，所以当你张开嘴巴、露出牙齿微笑时，在潜意识里会暗示自己是快乐的，进而调整自己的情绪朝积极、健康的方向发展。而当一位电话营销人员以积极的心情和客户沟通时，就会在不知不觉中感染到客户的情绪。

2. 谨防不良的姿态

电话营销人员发声的效果主要来源于鼻腔、口腔、咽喉腔、胸腔和腹腔的振动与共鸣，而不同的身体姿态对于这些腔体的发声有着重大的影响。

当你坐着打电话的时候，记得抬头挺胸，这会让你气息顺畅、讲起话来中气很足、穿透力加强，而且长时间打电话也不会觉得腰酸背痛；如果你站着打电话，不如来回走动，同时记得要身心合一，你的肢体语言和动作与你想要表达的文字意思要保持一致，比如在你兴奋时可以挥挥拳头。

根据调查研究的数据表明，在面对面的沟通过程中，你的声音与措辞所占感染力的比例只有45%，身体语言所占感染力的比例则高达55%。在电话营销沟通过程中，由于双方彼此看不见，身体语言的感染力不如面对面沟通那么明显，但也是不可忽视的。

同时还要注意，在接打电话时，要协调好身体与话筒之间的配合，适当调节话筒的音量，使对方的声音能够清晰入耳。接听时尽量让听筒紧贴自己的耳朵，这样传出来的声音受到外界干扰的可能性会小一些。另外，话筒与自己的嘴巴应保持在一个拳头左右的距离。如果话筒离嘴巴太近，在换气的时候，气流就会冲击话筒使对方听到噗噗的杂音；如果话筒离嘴巴太远，则会使对方听起来你的声音音量很小，也会使自己的声音失去原本的活力与穿透力。

3. 吐词清晰

在电话沟通过程中，客户最怕的就是当你讲完之后他还没有听清楚你都讲了些什么，这会让客户感觉到和你沟通很吃力。再说，如果客户连你说什么都没有听明白，又哪里能够谈得上其他方面呢？

不过一个人的吐词是否清晰是其多年来形成的习惯（如有的人鼻音很重或者地方口音很浓，客户很难听清楚他讲的话），所以，很难马上得到纠正。如果电话营销人员在这方面有问题，又希望长久做这份工作，那么就一定要下苦功，坚持讲好普通话。对于这一点，没有什么捷径可走。

最为可怕的是，尽管有些人说话时有吐词不够清晰的毛病，自己却没有意识到，毕竟每个人都认为自己的声音是世界上最动听的声音。因此，不妨现在就问问你身边的同事，征询他们对于自己声音的看法，到底有没有吐词不够清楚的毛病。“当局者迷，旁观者清”，其他人客观地指出你声音中的缺点，就是最准确的意见。

4. 保持百分之百自信

客户愿意购买产品的原因是因为他相信电话营销人员所销售的产品能够帮他解决某些问题。假若客户在你的声音中察觉不到这一点，他便会产生退缩的心理：既然你都无法相信自己所销售的产品，那么我凭什么还要相信呢？

一个连自己都不能相信的人，又如何能够获取别人的信任呢？

电话营销人员实际上便是你所在公司的形象代言人，你的声音要让客户完全地产生信赖的感觉，要让客户相信你所销售的就是最适合他的产品。

不是因为有些事情很难办到，所以我们才丧失了自信；而是因为我们自己首先失去了自信，所以有些事情才很难办到。所有电话营销高手都是具有很高自信的人，只要通过他的声音，客户便可以感受到那种完全的信任之感。

5. 拿捏语气的轻重

声音的美感很大程度上来自于声音的轻重，该轻的地方要犹如情人的窃窃私语，轻描淡写；该重的地方则犹如壮士登场，力拔山兮，让人听起来高低分明。

试想一下，如果有个人在和你讲话的时候，始终保持着一个腔调，没有任何起伏，那是一件多么乏味的事情呀！

那种在电话中一成不变的声音，就像催眠曲一样让人昏昏欲睡，哪里还会产生了解产品的兴致！

语气的轻重就是一种拿捏之间的标准，掌握分寸，恰到好处，该轻则轻，该重则重，并且能够收放自如。比如，当客户说“现在团队的士气低落”“上次组织的那场培训效果不是很好，大家都有意见”的时候，电话营销人员此时回复的声音就要放得轻一些，以表示对客户的理解和同情；当客户讲到“这个月部门业绩提升了30%”的时候，电话营销人员回复的时候则应提高音量，以表达你的兴奋之情。

另外，在讲电话的时候，声音的轻重可以选择由轻到重的顺序。比如，当问候客户“早上好，王经理”的时候，前面的“早上好”三个字要稍微轻一点，后面的“王经理”三个字则要重一些，这样客户就会感觉你的热情度在上升。

有时为了突出某个重点，电话营销人员也可以有意地将某个词汇加重。比如，“您对于价格和质量的问题，更关注哪个”，你的声音重心是放在“价格”上还是放在“质量”上，都有影响客户的力量。

6. 保持语言的连贯

语言的连贯具体是指电话营销人员说话的连贯程度，这里包括两层意思。一是说话流利，不要讲到一半的时候“嗯……这怎么说呢……我也不是很清楚……”客户听到这样的声音，心里就会想这个电话营销人员连话都讲不清楚，结结巴巴的，怎么还能做销售，从根本上怀疑你的能力。二是电话营销人员的通话前后要保持一定的逻辑顺序，方便客户理解你的思路。千万不要前言不搭后语，明明刚才和客户讨论的是关于品质的话题，客户都还没有了解清楚，忽然话题一转又谈到售后服务的问题，这会让客户感觉晕头转向，这时离结束电话也就不远了。

培训指导

1 分钟口才练习

训练目的：

通过绕口令，提高你的口才能力。

训练方法：

找一些比较难念的绕口令，自己对着镜子，讲上一分钟。下面列举一些难念的绕口令：

高高山上一条藤，藤条头上挂铜铃，风吹藤动铜铃动，风静藤停铜铃静。

一个驼子骑匹骡子，碰到婆子，挑担茄子，驼子个骡子践到婆子个茄子，婆子拖驼子下骡子，要驼子赔婆子个茄子。

稀奇稀奇真稀奇，蟋蟀踩死老母鸡，气球碰坏大机器，蚯蚓身长一丈七。

扁担长，板凳宽，板凳没有扁担长，扁担没有板凳宽。扁担要绑在板凳上，板凳偏不让扁担绑在板凳上。

蒋家羊，杨家墙，蒋家羊撞倒了杨家墙，杨家墙压死了蒋家羊，杨家要蒋家赔墙，蒋家要杨家赔羊。

训练时间：

每天坚持练习 1 分钟。

声音的具体训练方法

1. 共鸣训练

(1) 共鸣方法

共鸣是指人体器官因共振而发声的现象。声带发出的声音是很微弱的，通过共鸣才能得到扩大和美化。人的声道共鸣器官主要有胸腔、口腔和鼻腔等。胸腔共鸣能使声音浑厚、洪亮；口腔共鸣能使声音结实、明亮；鼻腔共鸣能使声音明亮、高亢。共鸣器官的合理运用，可以使声音变得圆润、优美动听，提高发音质量。

胸腔共鸣：颈根部扩张，喉头下沉，在上胸部积蓄满满一口气，使声带发生振动，这个时候用手捂住上胸部，可以感受到胸腔的振动。

口腔共鸣：软腭上升使鼻腔通道堵塞，气流冲击声带到了口腔，在口腔形成共鸣。锻炼时可用一手捏住鼻子学习鸭子“嘎嘎嘎”的叫声。

鼻腔共鸣：软腭下降堵住口腔通路，气流冲击声带后上升到鼻腔，在鼻腔形成共鸣。练习时可用手捂住嘴，模仿电话中“嗯?”（什么?）和“嗯”（明白了）的声音，还可用“嗯”或“哼”音哼歌。

（2）共鸣训练方法

哼鸣训练：双唇紧闭，口腔内如同含着半口水，发“mu”音，声音逆着气流下行，用手扶胸部会带有明显的振动感，双唇发麻，寻找到胸腔共鸣；仍发“mu”音，声音顺着硬腭上行，头部有振动感，双唇发麻，寻找到鼻腔共鸣。

发音训练：首先闭口发出“嗯——”音，注意闭口发音之时，使气息通过软腭后部，进入颅腔。这时气息假若流向正确，可以发出比较明亮的“嗯——”音，之后缓慢张开口（而口腔内依然保持发“嗯——”音的位置）。此时，假若能做到“嗯——”音不随嘴巴的开合而出现音色明暗的变化，那么位置准确。

2. 吐字训练

口语中发音是否清晰，主要取决于吐字归音是否符合要求。吐字是对语音音节中声母的发音要求，归音是对韵母中韵腹、韵尾的发音要求。吐字归音就是对字头、字腹、字尾的完整处理过程。“吐字有力，归音到位”是吐字归音的基本要求，训练时要掌握的基本要领有三点。

（1）咬准字头

字头，包括声母和韵头（介音）。咬准字头，是发音的第一关。要求准确地把握好字头的发音部位，咬字准确、清晰，发音要像喷出来那样有力度，并靠这股力量带动韵母的发音。如：白塔、报告、绿水。

（2）发响字腹

字腹主要指韵腹，是整个音节中最清晰、最响亮的部分。要求韵腹要拉开立起，做到“开口音稍闭，闭口音稍开”，使整个音节响亮，圆润饱满。发音时气息要足，共鸣要强，立音舒展丰满，坚实稳定。如：缥缈、花朵、小鸟。

（3）收准字尾

字尾主要指韵尾。收准字尾，是音准的要求。发音时一定要注意归音到位，不含混，不拖泥带水，但也不能草草收住，应做到声音虽止，余味无穷。如：天安门、悠久、绣球。

3. 节奏技巧训练

口语节奏是有声语言运动的一种形式。口语表达中的节奏，是由思想感情的波澜起伏，造成抑扬顿挫、轻重缓急的声音，从而形成的回环往复。

口语节奏必须变化，变化的方法，不外乎四个角度，即快与慢、抑与扬、轻与重、虚与实。每个角度又有两个方面，表达中往往以一方面为主而求另一方面的变化。由此，又引申为以下几种方法，它们互相交叉、互相作用，形成具体作品的各具特色的节奏转换。

（1）欲扬先抑，欲抑先扬

“扬”指声音的趋势向高发展；“抑”指声音的趋势向低发展。内容上有主次之分，有突出与削弱之别。如果重点部分、突出部分以较高的声音形式表达，这一部分就是“扬”；而为了使这部分真正突出出来，它前面的部分、非重点部分就要以较低的声音形式表达，使这部分有所削弱，这就叫“抑”。不过有的时候，与上面的情况相反，重点部分、突出部分应该以“抑”的声音形式表达，那么非重点部分当然就要“扬”了。《荔枝蜜》在节奏的变化上欲扬先抑；而《卖火柴的小女孩》的节奏，则是以抑的回环往复为主，但抑中有扬，对比深刻。

（2）欲快先慢，欲慢先快

快慢属于节奏的其中一个方面。“慢”指的是字音稍长、停顿多且时间长；“快”指的是字音短促、停顿少且时间短，连接较多。口语表述中，有时抑扬变化不太明显，而快慢变化比较明显，甚至以快慢变化为主。如《海上的日出》，描写细腻且生动，然而它不是从高低变化中表现的，而主要是从时快时慢的运动中体现出来全篇节奏的轻快之感。

（3）欲轻先重，欲重先轻

轻重的变化，实际上也包括了虚实的变化。轻重相间、虚实相间，轻弹重敲、虚托实落，自成一种回环往复。我们必须学会轻中有重、重中有轻，虚中有实、实中有虚。欲重先轻的方法最常用。例如：

燕子去了，有再来的时候；杨柳枯了，有再青的时候；桃花谢了，有再开的时候。但是，聪明的，你告诉我，我们的日子为什么一去不复返呢？——是有人偷了它们罢：那是谁？又藏在何处呢？是它们自己逃走了罢，现在又到了哪里呢？

（4）加强对比，控纵自如

加强对比感，致使那些该突出的部分与该削弱的部分，该高、慢、重的部分与本该低、快、轻的部分在声音上加以区分，是造成节奏变化很重要的法宝。语气进行中，刚说出的那句话与正在说的这句话之间，对比的作用是非常明显的。我们一定要在联系中找区别、抓特点，造成和上句不同的色彩、分量以及语调，才能彰显出其不同之处。假若不是整体不一样，也应有部分区别。有了这种对比的意识，时间一长，语言的节奏便会跟着丰富起来。

“控制”，是说本当平淡处不添色彩、本该削弱处轻轻带过；“纵放”，指的是思想浓烈处不可冷漠，本该突出处大胆抒发，不管控纵，皆显得自如，丝毫没有拘泥做作之感。

而气息又取决于人的呼吸方式，不同的呼吸方式决定了气息的长短以及换气的速度、深度与力度。

培训指导

10 分钟呼吸训练

训练目的：

通过呼吸训练，提高自己的讲话底气。

训练方法：

尽量使自己的呼吸频率放慢。进行深呼吸时，吸气要尽量充盈，要感到自己是把气吸到胸中再向下压，一直压到丹田位置为止，这便是气沉丹田。当然，气是无法被吸到丹田的，我们之所以会感受到气被吸到了丹田，是因为人们吸气是依靠腹肌运动使横膈膜向下移带动胸腔扩张的，肺部一旦扩大，气便很容易被吸进来了。

整个呼吸过程要缓慢，其中呼气要足够缓慢，整个呼吸过程尽量均匀，不可以忽快忽慢，时间越久越好，可以仔细计算自己每分钟的呼吸频率，在练习时需要将呼吸次数控制在 4 ~6 次每分钟。

在出气时数数字。上一步训练是纯粹的呼吸，如今增加点内容，在吸气时不要讲话，在吐气时数数字，声音不用过大，在口中快速地数“1、2、3、4、5、6、7、8、9、10”，反复循环，数到气力不接为止，看自己可以数几次。

当然，也可以不用数数，改成练习童谣，同样是在吐气的时候缓缓地念：“飞来一群大白鹅，扑通扑通跳下河，一只鹅两只鹅三只鹅……”也是一直数到气力不接为止，观察自己可以数到几只鹅。或者数青蛙“一只青蛙呱，两只青蛙呱呱，三只青蛙呱呱呱，四只青蛙呱呱呱呱……”，看看可以数到几个“呱”。

数数字、数鹅或者数青蛙这几种训练方式都是为了练习操控气息，在练习时，你可能会感到腹部酸痛，不过多练习时症状会有所减轻，说话自然会有很大的进步。

训练时间安排：

这项训练要想看见成效，至少要连续练习 10 天，建议练习两个星期左右，每天练习 10 分钟。

掌握 4 种练习气息的方法

人在电话中的声音不是一成不变的，具体这个声音会怎么改变，还在于自己的演练。下面介绍 4 种练习声音的方法。

1. 口鼻换气法

对于一个人而言，影响发声的器官主要有舌头、声带以及气息等。

舌头与声带与生俱来，是没有办法改变的，唯一能够改变的是气息。改变气息行之有效的方法之一便是用口鼻换气的呼吸方式，也就是用口吸气，之后用鼻吐气，或者用鼻子吸气，再换口吐气。气息吐得越彻底越好，而且吐得时间越长越好，人的生命说到底也在于这一呼一吸间。口鼻换气法的练习每日 3 次，每次 5 分钟。这个简单的方法若是电话营销人员可以持续练习半年，便能做到让自己的气息变得持久、饱满、均匀。

2. 一四二呼吸法

一四二呼吸法，即吸气为 1 个时间单位，屏气为 4 个时间单位，吐气为 2 个时间单位。这项练习一般每一组为 10～15 分钟。

3. 口形练习法

人的口形如果正确了，一般发音也会准确。现在有一个字音，可以帮电话营销人员的口腔正好呈圆形，可以让口腔尽量打开，并且气息量非常充分。这个字音就是“bo”。在学习这个方法时，需要双手紧贴丹田（肚脐下三寸位置），口尽量打开，让气息进入自己的两唇之间，然后再让它透出去。在练习这个方法的时候，电话营销人员要想象每个地方都能听到自己的声音。人类有不少与声音息息相关的腔体，比如口腔、鼻腔、咽喉腔、胸腔等。只有当这几个腔体发生共鸣时，人的声音才会好听。当你大声说“bo”的时候，你能感觉到自己的这几个腔体开始产生共鸣。练习这个音可以帮电话营销人员在发音时保持口形正确，让自己的声音有力量，并且穿透力也比较强。

4. 口吹气法

撕一张小纸片，然后用手把它贴按在自己面前垂直于地面的物体表面上，然后松开手，同时向这张纸片吹气，既不能让这张纸片掉到地上，也不能让它被吹到别处。口吹气法练习的是电话营销人员气息的均匀度和气息的长度。只要每天早晨拿一张纸片练习2分钟，坚持练习一年，电话营销人员的气息的长度就能大大提升。这样做的好处是，它可以让电话营销人员一口气讲上百个字不用换气。这个方法简单易学，带来的好处非常明显。

这4个方法简单、操作方便，只要长期坚持，就能收到明显的效果。世界上很多成功的事情其实都是从简单的事情做起的，对于电话营销人员来说，这个道理同样适用。

培训指导

狗喘气法练习

大多数人估计都见过狗在天气炎热之时喘气的方式：快速地吸气、吐气，丹田四周的皮都在强烈地抖动着，整个胸部、腹部全部在动。狗喘气法便是根据狗在急速喘气时的体态特征而加以形象地命名的。

练习方法为：

(1) 身体站好，气沉丹田。

(2) 口鼻同时缓缓吸气，吸气时下腹部要放松，上腹部要往里缩进。

(3) 一直吸气，直吸到胸腔达到60%~90%的饱满状态，保持胸廓饱满状态。

(4) 口要自然地张开，后背部要用力，以便能保持胸膛挺高，胸部深处要有吸气的感觉。

（5）停顿稍许，上腹部突然往里缩进，做迅速的、有弹性的吞气与吐气动作。

（6）吸气与吐气完成，上腹回收。

每次练习3分钟，持续练习3个月。只要电话营销人员一直坚持做下去，便能发现自己讲话的声音变得越来越洪亮、圆润、浑厚。

沟通篇

第七章
开场白：第一句话很关键

开场白可以使客户建立起对电话营销员的第一印象，也是客户判断电话价值的直接依据，因而良好的开场白对追求效率的销售工作来说至关重要。

开场白的流程设计

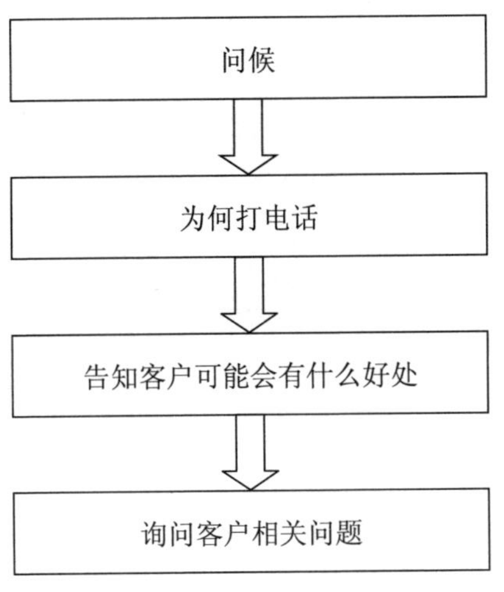

图7－1 开场白流程

什么是开场白，又如何让你的开场白有效呢？

让我们先回答一个问题：客户购买产品的判断标准是什么？一般来说，客户首先看质量，这里指能够达到使用标准的质量。同样的质量看服务；同样的服务看价格；同样的价格看销售人员的专业素质。由此可见，客户对销售人员的要求首先就是专业素质要过硬，专业素质对于销售人员的意义就相当于质量对于产品一样，要让客户感觉到你具有解决问题的知识、能力和技术。电话营销人员的专业素质如何在开场白中表现出来呢?这就要求销售人员在电话营销中，通过设计电话的语言内容、语调变化、谈话节奏、背景音乐、电话频率，把自己的专业素质表现出来。此外，还需要和客户进行情感上的沟通，要使客户觉得双方有共同点，双方的沟通十分融洽，并能让他对你逐渐产生好感。这些都是开场白要达到的目标。

其实，所谓“开场白”就是指电话营销人员与客户通话前 20 秒钟所讲的话。开场白所占据的 20 秒钟是至关重要的，如果电话营销人员能有效把握这 20 秒钟，随后就会有至多一分钟的时间来进行有效沟通。

所以，为了在开场环节的 15 ~30 秒内吸引客户，我们一定要先思考两个问题：第一，我们怎么去陈述产品价值?第二，我们怎么在通话中获得客户的好感?

抓开场要关注以下 5 个要素，具体如图 7 –2 所示。

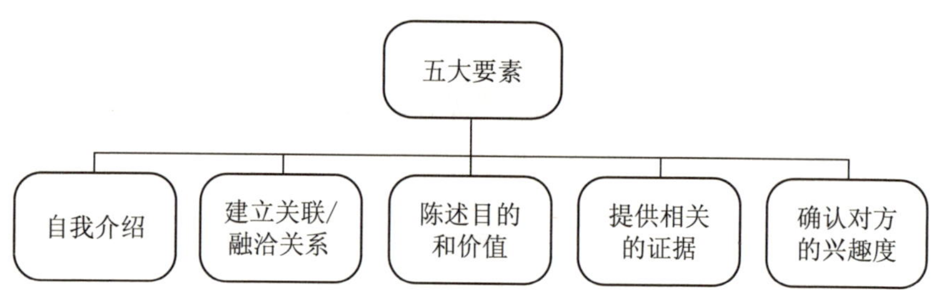

图 7 –2　开场白五大要素

培训指导

开场白自我评价

表 7 –1　　高层开场白 6 个要素

要素	评价
称呼客户	
说些让客户高兴的话	

续 表

要素	评价
交谈的桥梁	
证据	
自我介绍的措辞	
确认兴趣和合作意向	

表 7－2　　中基层开场白 5 个要素

要素	评价
自我介绍	
建立关系，相关人或物的说明	
介绍打电话目的（运用技巧，吸引客户注意力）	
确认对方的时间（可选）	
探询需求	

20 秒抓住客户的 6 种开场白

1. 请求帮忙法

请求帮忙法在电话开场白中是比较常用的。

电话营销人员："您好，李经理，我是××，××公司的，有件事情想麻烦一下您！（或有件事想请您帮忙）"

客户："请说！"

一般情况下，在刚开始就请求对方帮忙时，对方是不好意思断然拒绝的。电话营销人员会有 100% 的机会与接线人继续交谈。

2. 影响力法

人们的购买行为常常容易受到他人的影响，电话营销人员若能把握客户的这层心理，通过借用“第三者”的影响力作为开场过渡，更容易与客户建立信任关系。

电话营销人员：“您好，是李经理吗?”

客户：“是的。你是哪位?”

电话营销人员：“我是正大证券的周小明，打电话给您是想告诉您一个消息，有许多像您这样的成功人士加入了黄金客户俱乐部……”

客户：“哦?”

电话营销人员：“是这样的。正大证券曾经为许多成功人士提供服务，为他们节省了不少手续费和宝贵的时间，并帮助他们达成了长期理财目标。”

电话营销人员：“您好！姜先生，我是××公司的××，我们是专业从事电话营销培训的，我打电话给您是由于当下国内很多信息技术（IT）公司，比如戴尔、用友、金蝶等，全部采用了电话营销的方式推销产品，获得了非常好的效果。我想请教您，贵公司在销售产品之时，是否有采用电话营销方式呢?”

电话营销人员在采用影响力法打开话题的时候，要依据不同情况，灵活运用不一样的开场白。影响力法的开场白类型有以下几种：

①提及同行业前几个大企业已经使用自己产品的事实；

②提及客户熟知的名人或者专家已采用；

③提及与客户有同等身份的人已购买；

④提及客户所熟知的朋友已购买；

⑤提及客户的竞争对手已购买。

3. 利益陈述法

开场时的利益陈述非常重要。所谓利益，就是产品能够给客户带来的实际好处。研究发现，再没有比利益更能吸引客户注意的了。

电话营销人员："张总，现在有许多服装企业无法保证每日生产目标，面临合同无法及时完成的问题，我也听说您的公司所在的服装产区正面临严重的'用工荒'问题，您是否想了解这方面的解决方案呢？"

电话营销人员："王经理，和您公司一同成长的××公司已安装一套无油生产线，采用这套生产线生产出来的服装，使得因油污污染产生的报废率下降了90个百分点。您是否也同样关注这样的生产设备呢？"

采用这一方法，关键要让客户认识到这能给他带来机会和财富，这就需要电话营销人员对所销售的产品有所研究，特别是对客户关注的产品好处有所了解。

4. 投其所好法

俗话说"酒逢知己千杯少，话不投机半句多"，打动人心就要谈客户喜好的话题，投其所好。这种方法在开场白中运用得最普遍，使用起来也比较方便、自然。

投其所好的前提是了解客户的喜好，为此，就要事先收集客户的一些重要信息，了解和分析客户的兴趣点，找到对方感兴趣的话题。这样，电话营销人员在开场白中才能投其所好，激发客户兴趣，使电话交谈顺畅地进行下去。

同时，电话营销人员还要成为工作上的专家、爱好上的杂家，这样才能成功地迎合客户的喜好，抓住客户的内心。比如，客户喜好钓鱼，电话营销人员就要学一些钓鱼的基本知识，然后在电话中以请教的姿态，提及客户的爱好，使其油然而生一种亲切感，使之愿意与自己继续交流。

5. 巧借"东风"法

在古代著名的战役"赤壁之战"中，诸葛亮和周瑜仅用8万人马，大败曹操的80万大军，借的就是"东风"。如果电话营销人员能够找到这股

“东风”加以巧妙运用，往往会收到事半功倍的效果。

在运用巧借“东风”法时，要注意以下几点：

①借力对象必须是与本企业合作过的、在业界知名的企业，并且能够使客户产生信赖感；

②借力对象必须与自己公司销售的产品或者服务有密切关系；

③巧借“东风”法通常在客户服务回访时比较有效。

6. 提出问题

对于电话营销人员来说，如果能在电话开场白中提出一个让客户感到惊讶、吃惊的事情，客户就会忍不住想要听下去。

例如，××服装公司的电话营销人员向×模特经纪公司负责人推销本公司的服务。

电话营销人员：“早上好。请问马总在吗？”

客户：“在。哪里？有什么事情？”

电话营销人员：“我是××服装公司的小黄，今天打电话给您，就是想向您汇报一个严重的问题！”

客户：“什么问题？”（电话营销人员说是有严重的问题，但他并没有指出哪个问题比较严重，这就让客户平添了几分紧张）

电话营销人员：“马总，我们公司服装设计师在给××公司的模特定做服装时，发现有一点不对劲。（突然沉默不说话，让客户心中更加疑惑，更想知道发生了什么事）到底怎么了，想必您心中也有数吧？××公司和贵公司一样，是要参加本届模特比赛的。在给××公司的模特定做服装时，我们的设计师发现，多家大型模特经纪公司已经向我们提交了定制服装的信息，唯独缺少了你们这一家。难道贵公司想要放弃这次比赛吗？如果不是，那么我们为什么迟迟没有收到本公司要定制衣服的信息呢？”

培训指导

情景演练

情景一：

一家司法考试辅导中心的电话营销人员想要劝说在今年参加司法考试的陈×报本校的辅导班。

电话营销人员：“您好，是陈×同学吧，现在能打扰一下吗?”

客户：“您是哪位?”

电话营销人员：“我是××辅导学校的于×。今天打电话过来是向你道歉的，希望你能原谅我的过失。”

客户：“道歉？但是我们并不认识啊?”（对于莫名其妙的道歉，客户想必会感到疑惑和好奇）

电话营销人员：“是这样的，以前我们学校的王老师在你们学校举行了一次免费讲座。最近，所有同学都收到了我们寄去的最新的课程价目单和免费辅导书，唯独落下了你。”

客户：“原来是这样啊!”

电话营销人员：“是的，我们感觉有点对不住你。不过为了补偿您，我们学校决定，如果您来听课的话，将会享受到比其他学员更优惠的价格。”

客户：“是吗？那就说说你们具体的优惠措施有哪些吧!”

情景二：

王小姐是国内一家大型旅行公司 G 的电话营销人员，她的工作是向客户推荐一张旅行服务卡，如果客户使用该卡去住酒店、乘坐飞机时，可获得折扣优惠。这张卡是免费的，她的任务是让客户充分认识到这张卡能给自己带来哪些好处，然后去使用它，这样就可以产生业绩。刚好她手里有一份从成都机场拿来的客户资料，看一下她是怎样切入话题的。

电话营销人员：“您好，请问是李经理吗?”

客户："是的，什么事？"

电话营销人员："您好，李经理，这里是××航空公司客户服务部，我是××，今天给您打电话最主要是感谢您对我们一直以来的支持，谢谢您！"

客户："这没什么！"

电话营销人员："为答谢老顾客对我们公司一直以来的支持，公司特赠送一份礼品表示感谢，这份礼品是一张优惠卡，它可以使您在以后的旅行中不管是住酒店还是坐飞机都有机会享受优惠折扣，这张卡是我航和G公司共同推出的，由G公司统一发行，在此，请问李经理您的详细地址是……我们会尽快给您邮寄过来的。"

客户："××省××市……"

分析这两个情景对话分别用的什么方法打动客户的，从中学到了什么？

找准兴趣激发点，深入挖掘

销售就是围绕客户的兴趣和需求去选择一种最能够满足客户需求的产品，从而最大限度地满足客户的需求。无论是购买产品，还是享受服务，客户最重视的永远是他们自己，他们希望买到自己需要、喜欢的产品。销售成功的前提就是你要找到客户最敏感的那根弦不断地撩拨、刺激，让客户无法自控，直到产生强烈的购买欲望以致做出购买行为。

在谈具体的激发客户兴趣的方法之前，我们先来了解一下客户的心理。客户的心理变化一般分为以下几个阶段。如图7-3所示。

由此我们可以看出，只有引起客户的注意，让客户产生兴趣，销售才能往下进行。否则，销售员就会无功而返。下面重点说一下激发客户兴趣的方法。

1. 寻找"我希望……""我想……"

这已经是一种非常明显的兴趣表达，表明客户希望获得某方面的服

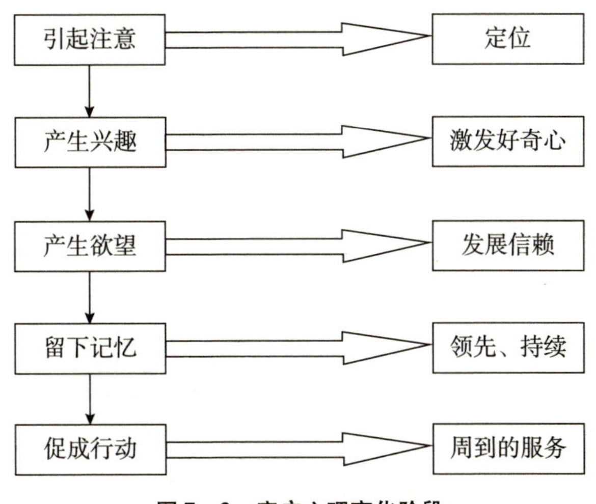

图 7－3　客户心理变化阶段

务、希望这样那样的满足，常见的用语主要有以下几种："我想……""我希望……""我要……""我正在找……""我们对……很感兴趣""我期望……"你可以留神听客户的每一句话，听到这样的字眼就将之记录下来，然后沿着这个方向深入挖掘。

2. 如果客户没有透露意向你可以征询客户的意见

很多时候客户是不会主动告诉你他想要什么的，再加上不同客户都会有不同的兴趣，对此，你可以真诚地征询客户的意见，如向客户请教，询问客户对目前使用的产品的建议等，都是很好的方式。这样既可以让客户打开话匣子，弄清楚客户的意向，也能够吸引客户的兴趣，使其主动加入到销售中来，而不是漠然地游离于销售外围。

> 电话营销员："先生，以上是对我们公司产品的简单介绍，而且我们公司采取人性化服务，可以为您量身定做，我们会考虑您的具体要求对产品进行改进以便让您更满意，请问您对这种产品都有什么建议呢？"

3. 与客户聊天

这是最简单的挖掘客户的需求的方法，出发点多种多样，可以是对方的兴趣爱好、购买动机等。你可以尽可能地扩展谈话范围，有意识地进行启发和引导，直到获得客户的兴趣点为止。当然，最好是从客户身边的事情入手，对客户的境况表示关心，说客户感兴趣的话题。

4. 对客户的情况进行调查

当客户说我不需要、我没兴趣的时候，很多电话营销员的做法无非两种：第一，放弃；第二，坚持，反问客户。但事实上，前者毋庸多言，这次电话营销对他而言是毫无意义的，没有产生任何效益；后者看上去很主动、很积极，但这种方法的劣势在于过于激进，如果客户不是很有兴趣，你的反问很容易让客户感觉你咄咄逼人、你在挑战他的权威，一不留神就可能会激怒客户。所以，你应该选择另外一种更为有效的方法去弄清楚客户为什么不感兴趣，换而言之，你需要提出一个有调查性的问题，让他们透露出自己的真实意愿。例如，他原来确实需要一套玻璃的装饰品，但是他昨天刚刚买了，那么他当然不需要；或者他确实需要这样一套东西，但是对你又不信任，那么他只是在找借口向你索取更多的证据。等你了解到这些有用的信息，你就可以将谈话持续下去，而且只要客户确实有这方面的需要，你花些时间跟他多聊一会儿是很值得的。

"您接下来有什么打算?"

"如果这种产品确实能够解决您现在所面临的困境，提高员工的工作效率，将公司的销售额提高，您认为多久可以作出决定?"

"请问是什么原因让您难以作出决定?"

"您认为我还需要做些什么以便为您提供更好的服务?"

"可不可以请教一下，除了我们之外，还有谁在和您联系，您认为他们的优点是什么?"

"您认为什么对您来说是最重要的? 为什么?"

"您希望采取怎样的送货方式?"

需要注意的是，不管客户有任何需求，最终都是从他所处的生活环境、工作环境中产生的，要通过客户的信息去了解客户的需求，你不需要面面俱到，详细询问客户生活的每一个方面，只需要弄清楚客户与产品可能相关的信息即可，如客户需要买一批办公电脑，你就要弄清楚客户与办公电脑应用有关的环境和公司员工的信息等，如公司现有电脑的数量、电脑的使用情况、客户用在解决电脑问题上的精力、业务范围、客户的负责范围等问题。

了解了这些情况后，你就可以对客户进行引导，使其一步步向成交的阶段前进，千万不要被动地等着客户做决定。

5. 让客户注意你的产品

要制造客户的兴趣点，就先要让客户注意你的产品，并将话题转移到你的产品上来。普拉公司为了推销自己的一款相机曾经特意在美国迈阿密海边浴场安排了一场救人游戏，让一位妙龄女郎先用优美的泳姿吸引游客，然后假装溺水，一个男子奋勇将其救起。一名摄影师在旁边将这一幕拍下来然后将清晰的照片拿给游客看，并介绍说："这是一款新型相机，1分钟后即可拿到照片。"当然，这种销售方法为其相机的热销打开了局面，最火爆的时候连样品都卖掉了。这个案例就是制造兴趣点的典范之作。不过需要注意的是，使用这种方法需要你有高超的洞察力，善于察言观色，能够从客户的只言片语中找到有用的信息，并给予客户相应的刺激，而且你的所有的语言都要和销售有关系，还要能够出奇制胜，一下子就能抓住客户的注意力。

6. 找话题与客户进行聊天

这种方法比较适用于意向不明的客户。他们不会主动透露他们的愿望，或者他们自己也不知道，你需要帮助他们找出来。与客户聊天看似没有什么作用，但只要客户愿意和你聊，你就能够在不经意中发现一些有用的信息。

培训指导

实战情景练习

电话营销人员："请问贵公司所生产的产品主要是面向国内市场吗？"

客户："是的。"

电话营销人员："请问贵公司是生产自己品牌的产品吗?"

客户："是的。"

电话营销人员："既然做自己品牌，那如何提升和维护品牌形象是十分重要的，是吧?"

客户："是的。"

电话营销人员："作为生产制造企业，怎样提高产品销量，是您最关心的问题，是吗?"

客户："是的。"

电话营销人员："怎样能及时、准确了解产品的市场销售情况，使商品信息化，这对企业很重要，是吗?"

客户："是的。"

电话营销人员："如果现在有一方法能提升和维护品牌形象，而且可以提升产品销量及传递产品市场信息，您会认真考虑吗?"

客户："是的。"

电话营销人员："我们的产品可以为贵公司解决上述问题，如果您愿意，我愿花费我的时间来协助您解决这个问题……"

仔细阅读上述案例，分析销售人员是如何一步步挖掘客户兴趣点的。

遭遇态度恶劣者的应对策略

很多时候，电话营销人员明明是很客气、礼貌地跟客户沟通，不曾想自己却遭到了对方一通奚落，虽然这种现象并不多见，但估计那些做过电话营销的人在工作中都曾碰到过这种情况。前面我们讲过的开场白都是在正常情况下进行的，但是如果遭遇到这种态度恶劣的客户，电话营销人员应该如何应对呢？这是值得每一个电话营销人员注意的一个问题。

现在，我们就来探讨下客户态度不好的原因及化解方法。

1. 一朝被蛇咬，十年怕井绳

在今天，虽然电话营销工作已经渗透到社会发展的各行各业，但因为电话营销的立法不完善，很多管理工作做得不到位，给部分不法分子钻法律的空子提供了机会。这些人挂羊头卖狗肉地欺骗客户，一些客户因此上当受骗，受到损失。时间一长，不少客户对电话营销这个行业充满了反感，当他们再碰到类似的电话时，不管电话营销人员怎么解释，都很难去除留在心中的阴影。

碰到这样的客户，电话营销人员不要寄希望于只打一次电话就让客户签单，而要有持之以恒的决心和毅力，并提供专业准确的数据给客户。另外，电话营销人员所在公司最好有自己的网站，以方便客户查询。总之，电话营销人员不能心急，要循序渐进地取得客户的信任。

2. 品牌知名度不高，客户不感兴趣

在今天这个社会，不少客户只认可那些知名度高的产品，对二线或三线产品都持抵触态度。当电话营销人员所在企业知名度不高时，客户就会没兴趣听下去了。

这就需要电话营销人员努力宣传产品，提升品牌的知名度。如果电话营销人员所销售的产品来自欧美、日本等一些发达国家，那么在介绍产品时要加上国名，这能给客户制造一种进口商品的感觉，有利于销售工作的开展。如果电话营销人员所销售的产品只是国内二线、三线产品，那么在介绍产品时要尽量提及与公司合作过的知名企业，让客户感觉到虽然你们的产品不出名，但却能和这些知名企业合作，在质量上应该不会有什么问题。

3. 客户心情郁闷

生活中，每个人都会有自己的喜怒哀乐。电话营销人员在给客户打电话碰到对方心情不好时，要注意不要用生硬的态度来回应对方，要想办法让客户把郁闷的情绪发泄出来，同时可以在电话中给客户适当的安慰和鼓励，等对方的情绪发泄完，心情好了，客户会被你的气度所折服，到那时电话营销工作就会变得容易了。

培训指导

情景实战练习

孙娜是一名刚进入电话营销行业不久的业务新人。上班才几天，她就在一次电话沟通中和客户吵了一架。销售总监问她是怎么回事，为什么和客户吵起来了？孙娜委屈地哭了，销售总监看到她这个样子没说什么。只是给她倒了一杯水让她先冷静一会儿，然后问她心情好点了没有，还生气吗？孙娜摇摇头，表示心情已经平复了。

销售总监告诉她："对于电话营销人员来说，碰到态度恶劣的客户很正常，但不至于和客户吵架，你刚才很生气，可现在不是好好的吗？为什么不能换位思考替客户想想呢？你知道你给客户打电话的时候，他在干什么吗？他可能刚被老板训了一顿，可能跟女朋友刚刚分手，也可能炒股赔了钱，这些都是很有可能发生的事情。现在你再想想，你这样跟客户在电话里吵架，对吗？"

孙娜想了想说："是的，我不是一个会无缘无故骂人的人，客户也不可能是这种人。客户骂人一定有他的原因，我和客户在电话里争吵，不仅解决不了任何问题，相反，只会让客户更生气，更不利于问题的解决。"

销售总监说："就是这个道理，你能这样想我就放心了。对于电话营销人员来说，遇到这种情况是成长阶段必须要经历的一个过程，客户并不认识你，他骂的这些话可能也不是针对你这个人，同时这也与客户的个人素质有关，但更多的情况下是客户心情不好，需要发泄。在他发泄的时候，你不要反唇相讥，而要循循善诱，相信等客户心情好了后会为自己的失礼感到不好意思，然后定会想办法来弥补自己的失礼。"

案例中，孙娜的做法无疑是得不偿失的，她最应该如何做？如果你遇到这样的情况会怎么处理？

4个情景再现，让顾客无法拒绝

1. 你从哪里知道的我的电话

接通陌生的电话之后，客户心中往往有诸多疑惑，一直萦绕在心头的便是：他们怎么知道我的电话？说出自己的疑问，表明客户迫切地想要知道答案，销售员不妨在回答问题的过程中赢得对方的好感。

①不要犹豫。停顿的时间太长，容易让客户起疑心，自然地回答客户的问题，声音要有底气，思虑太多只会增加销售的难度。

②消除客户的疑虑。网上搜索、黄页、转介绍、公司网站查询……电话来源渠道要有合理性，让客户知道他的个人信息并未被泄露。

③及时转移话题。简单地回答完之后，快速将话题转移到销售的正常轨道上来，提高通话效率，不要在无关紧要的问题上打转。

推销员要仔细区分电话营销的对象，个人往往更看重隐私问题。电话号码出自何处并不重要，关键要做到让客户安心，不要增加他们的思想负担。

客户："你是从哪里知道我的电话号码的？"

销售员："您的朋友是我们公司的忠实客户，他说您一直想买一套健身器材，希望我们能够为您提供这方面的服务。"

客户："哪个朋友？"

销售员："您朋友希望我们不要透露他的信息，我要遵守约定，这样才不会违背公司的服务原则，您说是不是？"

客户："哦，好吧！"

销售员："请问您需要什么功能的健身器材，足部、肩部还是……"

2. 又是搞推销的吧

客户的猜测是对的，同样说明他们曾经接听过类似的电话，也有应对电话营销的经验，此时，拐弯抹角已没有任何实质性的意义，销售员要向客户传递一种不同以往的信息。

①判断客户的情绪状态。根据客户的语气分析他的心情如何，若语气轻快愉悦，说明他并不排斥电话营销；若语气不善，销售员就要谨慎地对待，先缓和客户的心情，再进行销售。

②设计精简的对白。字字斟酌，选择恰当的措辞，简单明了地阐述观点，说明利益点，引起客户的兴趣。

③尊重客户的选择。若客户清楚地表明拒绝的态度，销售员不要再勉强对方，尽快结束通话，为对方留下良好的销售印象。

客户：“又是搞推销的吧？”

销售员：“您说得对，我是××（公司简称）的业务员小玲，您能不能帮我一个忙？”

客户：“什么忙？”

销售员：“您能不能把电话转接到李总办公室，我找他有点事情。”

客户：“那你打李总的手机吧，这样多方便！”

销售员：“是这样的，我不小心将李总的名片落在家里了，上周我们约好今天讨论业务方面的事，这不，已经到了约定的时间了！”

客户：“李总规定不能随便转接电话，我也没办法！”

销售员：“您做事有原则，对公司也很负责，只是咱们都是服务于公司，希望公司发展越来越好，李总之所以这样规定还不是为了提高工作效率？我的这款软件能够提高贵公司10%的工作效率，李总一直很感兴趣！”

客户：“这样啊，那我给你转接过去吧！”

销售员：“谢谢您！”

3. 我很忙，请别打扰我

客户以“忙”为借口，背后有两种可能：客户的理由成立，他们深陷在忙碌的状态中；客户委婉拒绝，不想继续交谈。我们无从判断客户出自何种原因选择拒绝，但不要轻言放弃。

①尽量避免类似情况发生。对于不同类型、不同行业的客户，有针对性地选择拨打电话的时间，主动避开休息时间和工作繁忙时段。

②给客户一个继续倾听的理由。若客户以“忙”故意推托，销售员就要阐明本次通话的价值所在，引起客户的注意，吸引客户继续倾听。

③适可而止。客户确实处于繁忙状态，销售员要懂得暂时放弃，快速结束通话，并争取下一次通话的机会。

在开展电话营销的过程中，销售员会经常遇到客户繁忙的情况，要想延长通话时间，关键在于要让客户感觉到接听的时间有所值，选择的理由要真实可行。

客户：“我现在很忙，请别打扰我！”

销售员：“李总，您如此忙碌，还不是为了让公司做大做强，我这里刚好有一种方法能够帮您提高工作效率，让项目完成时间缩短1/5，我为您介绍一下好吗？”

客户：“什么方法？”

销售员：“贵公司为各大企业招聘人才，要是有一款便捷的搜索人才资料的软件，招聘项目岂不是能够缩短时间？”

客户：“有意思，能详细地介绍一下这款软件吗？”

销售员：“是这样的……（根据客户的需求讲述软件的利益点）”

4. 客户不准备买了，怎么办

当客户说“对不起，我们不准备买了”等拒绝话语时。

通过有策略的交谈，巧妙突破客户的防线，开发出客户的潜在需求。

肯特是一家人寿保险公司的推销员。当肯特按照上一次电话中约定的时间与某公司的总经理安德森先生进行电话跟进时，安德森先生的回应很平淡。

安德森先生：“我想你今天还是为了那份团体保险吧？”

肯特："是的。"

安德森先生："对不起，打开天窗说亮话，我公司不准备买这份保险了。"

肯特："安德森先生，您是否可以告诉我到底为什么不买了呢?"

安德森先生："因为公司现在赚不到钱，要是买了那份保险，公司一年要花掉1万美元，这怎么受得了呢?"

肯特："除了这个原因，还有什么其他让您觉得不适合购买的原因吗？可否把您心里的想法都告诉我?"

安德森先生："当然，是还有一些其他的原因……"

肯特："我们是老朋友了，您能告诉我到底是什么原因吗?"

安德森先生："你知道我有两个儿子，他们都在工厂里做事。两个小家伙穿着工作服跟工人一起工作，每天从早上8点忙到下午5点，干得不亦乐乎。要是购买了你们的那种团体保险，如果不幸身故，岂不是把我在公司里的股份都丢掉了？那我还留什么给我儿子？工厂换了老板，两个小家伙不是要失业了吗?"

(真正的原因总算被挖出来了，所有开始时的理由只不过是借口，真正的原因是受益人之间的问题，可见这笔生意还没有泡汤。)

肯特："安德森先生，因为您儿子的关系，您现在更应该做好保险计划，让儿子将来更好地生活。我现在就上您那儿去，咱俩一起把原来的保险计划做个修改，使您两个儿子变成最大的受益人。这样一来，无论父亲还是儿子，哪一方发生意外都可以享受到全部的好处。"

安德森先生："好吧，如果能达到这个要求，我倒可以考虑签单。"

当客户说出拒绝的话语时，一个成熟而有经验的电话营销人员会通过有策略的交谈，巧妙突破客户的防线，从而开发出客户的潜在需求。推销时挖掘客户的消费需求至关重要。

挖掘客户的消费需求，就是要让他觉得眼前的商品可以给他带来远远超出商品价值之外的东西。每位顾客由于其年龄、性别、职业、文化程度以及消费知识和经验的差异，在购买商品时，会有不同的购买动机和消费需求，因此，他们所要求得到的服务也不同，销售人员面对每一位顾客都要细心观察，热情、细致地为他们提供所需要的服务。

客户的消费需求要求推销员去开发，聪明的推销员会在无意中给顾客限制选择的权利或者是让消费者作出有利于推销员的选择。要想占有更大的市场，就要求推销员不断开发客户的需求。

培训指导

情景实战演练

有一次，电话营销人员陈洋打电话给宏宇印刷厂的陈经理。

陈洋：“您好，陈经理吗?”（礼貌问候）

陈经理：“是我，你是谁?”

陈洋：“我是高雄大亚电脑公司的陈洋，我们公司的专长是提供印刷业专用的电脑设备。今天我打电话过来的原因是我们的电脑设备已经替许多印刷厂商节省了不少印刷时间及成本，为了能进一步了解我们是否能替贵公司节省印刷时间及成本，我想请教一下贵公司目前使用的是哪一种品牌的印刷设备?”（简单说明自己的目的）

陈经理：“是吗？……嗯，我们使用的是……”

就这样，陈洋在十几秒钟的开场白中就引起了准客户对产品的兴趣，同时也使通话得以继续，为成功推销打下了良好的基础。

通过这个情景对话，从中学到了什么？陈洋在短短的十几秒中是如何吸引客户的?

第八章
洞悉“上帝”都在想什么

大多数客户尚未意识到自身的需求，销售员要挖掘客户的潜在需求，帮助客户认清实际需要，继而以产品弥补客户的需求缺口。

识别客户需求的4个问题

为了理性引导客户需求，电话营销人员在和客户交流时，一般可提出以下4种类型的问题。

1. 获取客户基本信息的询问

挖需求时我们到底要了解什么？一般来讲，我们需要获得客户的一些基本信息。客户的需求是如何产生的呢？客户的需求源于他自身所处的工作环境，所以，知道更多客户的基本信息，电话营销人员就可以更好地理解客户的需求。例如，视频会议系统的电话营销人员，可能需要了解客户的以下信息：

①客户公司目前是怎么开会的？

②客户公司在全国各地的分支机构有多少？

③客户公司一年的会议成本一般是多少？

2. 引导客户发现问题的询问（拉伤口）

通常而言，客户需要的产生是源于自身存在需要解决的问题，或者存在需要弥补的差距。当我们获知了客户的相关信息之后，就需要了解客户对企业目前所应用产品的具体态度，特别是不满意的地方，这样对将来进一步激发客户的需求很有帮助。具体可采用的问题如下。

①你目前用 QQ 开会，很多文档不能共享是不是很不方便？

②集中在一起开会，飞来飞去，差旅住宿费很高吧？

③对现有系统您最不满意的地方在哪里？

④哪些事情使您很头疼？

⑤哪些事情占用了您太多的时间？

3. 激发需求的询问（撒把盐）

当电话营销人员发现了客户对现状的不满之后，通过提出激发需求的问题，可以将客户的这些不满扩大，从而引起客户的高度重视，以提高客户解决这类问题的紧迫性。具体可采用的问题如下。

①除了费用高以外，是不是也会浪费时间？

②时间浪费，舟车劳顿，工作效率是不是也降低了？

③员工经常出差，照顾不到家里，抱怨会不会增加？

④这些问题对您有什么影响？

⑤您的老板如何看待这一问题？

⑥问题持续存在会怎样？

4. 引导客户解决问题的询问

当客户已经意识到当下所面临的严重问题后，通过解决问题的询问引导客户，使客户认识到解决这些问题后能够给他带来的正面影响，从而促进客户下决心行动。具体可采用的问题如下。

①这些问题解决以后对您有什么好处？

②您为什么要解决这些问题？

接下来是一家电信公司的营销人员代表打电话卖 IP 电话的通话记录。当然他可以直截了当地做出介绍，例如说："××先生，是这样的，因为我们发现您的长途话费比较高，我们如今有个打长途的优惠套餐，特别打电话给您，您看是否让我给您简单介绍一下。"

客户说"好"，这样就是直截了当做介绍。但是这个电话营销人员没有这么做，而是采取了循序渐进的方法。

电话营销人员："您好，我是电信公司1000号的××××客户服务代表，给您打电话是因为考虑到您一直是我们的老用户，为了感谢您的一贯支持，我们最近有一个关于长途话费的特别优惠，您看是否可以占用您两分钟的时间，给您介绍一下？"

客户："你讲。"

电话营销人员："那谢谢您了。赵先生，您最近几个月都在打长途，对吧？"

客户："嗯。"

电话营销人员："那您每个月长途话费一般是多少呢？"

客户："一般100元吧。"

电话营销人员："这么多啊，那您真不少打长途电话？"

客户："对。打得比较多，通话时间比较长。"

电话营销人员："那请问您一般是用什么方式打长途电话呢？"

客户："我一般都是用××公司的卡，这种卡面值为30元，一般20元就可以买到了。"

电话营销人员："是这样啊！那您了解打长途时，一般多少钱一分钟吗？"

客户："一般都是两三毛一分钟吧。"

电话营销人员："那您是否知道打这种IP电话时，每分钟会产生一毛钱的市话费呢？"

客户："我不清楚这个。"

电话营销人员："是这样的，当您使用这种IP卡时，除去每分钟从您的卡上扣除三毛钱的长途话费以外，还会从您的电话上扣除每分钟一毛钱的市话费，相当于每打一分钟的长途，您所消费的是三毛钱长途费再加一毛钱的市话费。这样算下来，每分钟就要四毛钱了，您看是否不太划算？"

客户："是不划算。"

电话营销人员："是啊，如果我们电信公司现在给您提供一个更划算、更省钱的拨打方式，您看怎样?”

客户：“您讲。”

在销售过程中，电话营销人员用到的是循序渐进的引导方法。他首先了解对方的情况，发现客户一开始比较冷漠，于是采用封闭式询问，因为开放式询问太散，客户更没耐心一一回答。所以，一开始就采用封闭式询问，让客户说“是”。紧接着，电话营销人员慢慢地开始打开话题：IP电话卡会产生一毛钱的市话费，这点客户是不清楚的，对电话营销人员来讲，这就是一个机会，一个切入点。最后，电话营销人员把这个切入点变成了需求，说：“如果我们能够提供一个更省钱的方式，您是不是有兴趣?”实际上，电话营销人员是在一步步引导客户思考怎样更省钱。

以上几种类型问题的主要是想激发客户的需求，令其需求从潜在转变为明确。当然，正如前面已经提到过的，假若电话营销人员试图在电话中激发客户的需求是一个非常大的挑战，或者是一个漫长的过程，比如电话营销人员所销售的产品较为复杂的话，建议电话营销人员首先把主要精力放在客户关系的建立上，待到信任关系建立起来后，再着手激发客户的需求，这样才不至于遭到客户的拒绝。

培训指导

情景演练

电话营销情景一：

电话营销人员：“您好，请问有什么可以帮助您的?”

客户：“你好，我想咨询一下关于版面广告方面的事情。”

电话营销人员：“好的，我可以先问您几个问题吗?”

客户：“当然可以，你说。”

电话营销人员：“先生，请问您怎么称呼呢？您是做什么行业的?”

客户：“我姓杜，是开影楼的。”

电话营销人员："哦，这么巧！我妈妈也姓杜。杜先生，请问您以前在报纸上做过广告吗？"

客户："没有，以前影楼规模小，从没有做过广告。"

电话营销人员："那这么说，现在生意一定很好喽，那您可得好好选择一下了。冒昧问一下，您准备做广告的目的是什么呢？"

客户："我的影楼最近两年发展得确实不错，现在想做一个形象宣传，而且我们将在下个月推出一些优惠活动。所以想选一个合适的媒体进行宣传。"

电话营销人员："那您心中有没有比较满意的媒体呢？"

客户："嗯，这个嘛，电视媒体我已经选择好了。打算再选择一家报纸媒体，之前觉得生活报很好，但是我觉得你们明光日报也不错，所以想多了解一下。"

电话营销人员："看来您在这方面很有研究啊。刚才您说对生活报比较满意，请问它什么地方最吸引你呢？"

客户："据我所知，它发行量大、受众面广，符合我们的推广要求。最重要的一点是它在下午发行，人们可以在下班回家的路上作为消遣看一下，相比之下保存时间比较长，而且可能全家人都会看到。"

电话营销人员："您考虑的非常周到。很多客户选择宣传媒体的时候都要考虑报纸的发行量、受众、传递范围等。"

客户："是呀，否则不就得不偿失了嘛。"

电话营销人员："哈哈，您说得没错。我还有个疑问，您公司的优惠活动主要针对的目标客户是哪些呢？"

客户："主要针对追求时尚、求新求变的年轻人。"

电话营销人员："我们是专业的宣传指导性媒体，每期发行量达 10 万份，而且每周发行两期，受众以追求时尚的年轻人为主，他们是贵公司新产品的有力购买群体。"

客户："是吗？看来我找你们是找对人了。"

电话营销情景二：

电话营销人员："刘经理，您好，我是百花招聘网站的客服人员，贵公司在我们网站购买了发布招聘信息的功能，对吧?”

客户："的确是这样。"

电话营销人员："我这次给您打电话的目的是想做个售后调查，不知道您现在方便吗?”

客户："方便，你说吧!"

电话营销人员："那太感谢了，请问刘经理，贵公司除了用我们网站发布招聘消息以外，还有别的渠道吗?”

客户："没有了，就只有你们一家。"

电话营销人员："那我们很荣幸啊！请问您对公司目前的招聘状况满意吗?”

客户："大体上还可以，但是很难招到高端人才。"

电话营销人员："哦，听您的意思，您是希望能通过一种方式，使高端人才招聘更省力一些?”

客户："当然啊，但是猎头公司的费用都太高了。"

电话营销人员："哦，这个问题我倒有可能帮上您，我们网站首页的广告位可以帮您订一个。一般高端人才都很少有时间去一条一条地看招聘信息，这样，只要一进入我们的网站就可以……"

仔细阅读材料，完成下面问题。

情景一中销售人员是如何进行电话营销的?

情景二中销售人员如何进行电话营销的?

识别大客户需求的 SPIN[①] 模式

SPIN 模式是由 Huthwaite（公司名称，全球权威的销售咨询、培训和

① SPIN，提问式销售技巧，注重于通过提问来引导客户，使客户完成其购买流程。其流程由询问背景问题（Situation Question）、发现难点型问题（Problem Question）、引出暗示型问题（Implication Question）、明确需求回报型问题（Need - pay off Question）四步组成。

研究机构）公司通过对 35000 个销售案例进行广泛调查研究而开发出来的。他们通过计算每个人在成千上万次销售会谈中说过的话，回答了高效销售员长期以来一直疑惑的问题：在成功的销售会谈中一般是卖方说得多，那怎样才能使买方开口说话呢？答案就是提问。SPIN 是一种向客户提问的销售工具，通过了解客户现在的背景，引发客户说出隐藏的需求。

SPIN 的特点：①使客户说得更多；②使客户更能理解你；③使客户按照你的逻辑去思考；④使客户做出有利于你的决策。

下面我们用图形来表示一下 SPIN 模式的具体流程和目的。如图 8－1 所示。

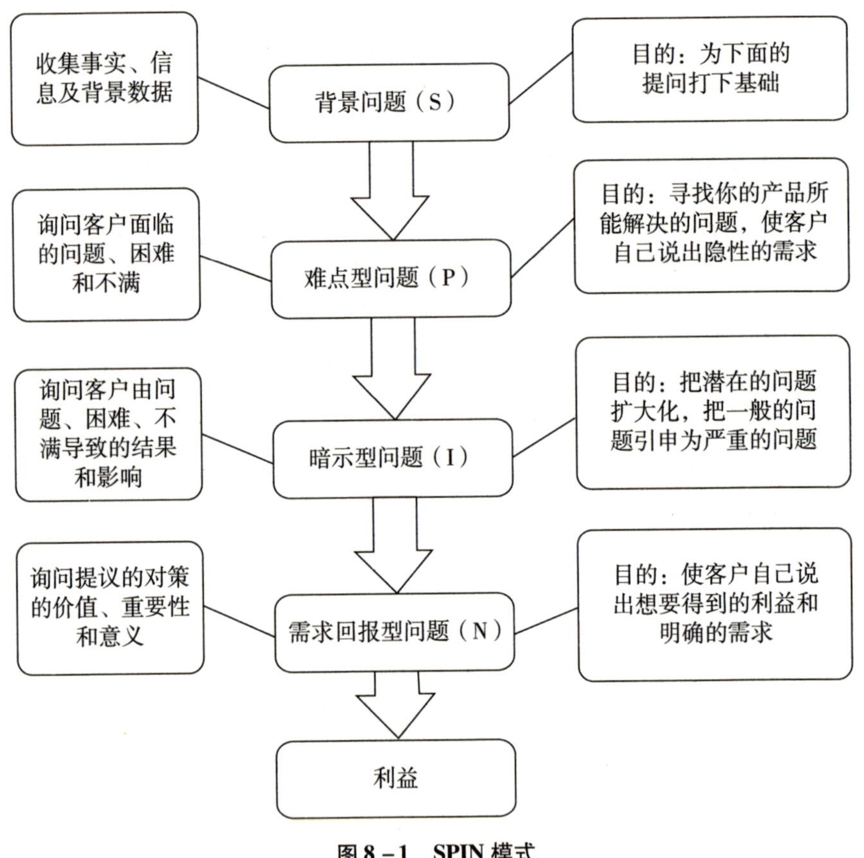

图 8－1　SPIN 模式

在了解客户需求的定义、知道客户需求的分类并掌握挖掘客户需求的方法后，电话营销员就可以按照 SPIN 模式来挖掘客户的需求了。

在销售过程中，与潜在客户的交流应该按照SPIN模式展开，使客户发现问题以及由此导致的严重后果，并产生强烈的解决问题的欲望，从而通过交流使客户认识到应该通过电话营销员来解决以上问题。

正确地运用SPIN模式挖掘客户需求，就能更好地让客户认识到解决问题的重要性，但是，由于面对的客户类型不同，具体情况也不同，电话营销员一定要因地制宜，这样才能产生良好的销售效果。

下面就来看看运用SPIN模式挖掘客户需求时需要注意的问题。

电话营销员主要靠客户的语言和声音来判断客户的性格。一般情况下，说话速度快、音量大的客户属于权威型和热情型的人，相反，则属于温和型和冷漠型的人。但也不能一概而论，有时由于客户工作不顺，其表现也可能偏离其性格类型，电话营销员要注意区分。

判断客户性格的目的是适应客户的性格，并影响他。比如，如果客户的音量很大，电话营销员也应该相应地提高自己的音量；如果客户讲话的速度较慢，电话营销员也要相应地降低语速。

使用SPIN模式提问有几大优势：真正做到以客户为中心，以客户需求为导向；有利于与客户建立长期的相互信任的关系；有利于提升专业水平，增强品牌美誉度。

SPIN模式提问的实施过程其实并不难，可按照以下步骤完成。如图8－2所示。

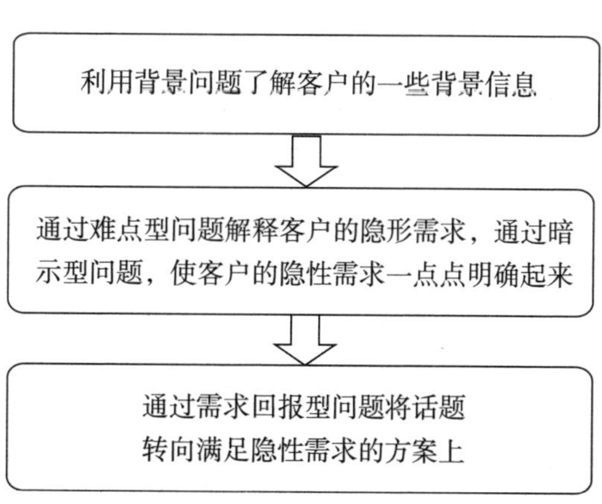

图8－2　SPIN模式步骤

培训指导

SPIN模式情景演练

张衡是一家商务旅行卡销售公司的电话营销人员。商务旅行卡能够帮助经常出差的客户订到较低折扣的飞机票和酒店房间。张衡的业绩一直很好，想知道他是怎么做到的吗？看看下面的案例，你就明白个大概了。

张衡："您好，请问是赵先生吗？"

客户："对，请问你有什么事吗？"

张衡："赵先生。您好，我是××航空公司的张衡，有件事想麻烦您一下，不知道可不可以耽误您几分钟？"

客户："请讲。"

张衡："请问您经常出差吗？"（背景问题）

客户："是的，差不多每个星期都要出差。"

张衡："频率挺高的呢！那您出差一般是乘坐什么交通工具？"（背景问题）

客户："一般都是飞机。"

张衡："挺不错的嘛！那么再请问一下，您是为私事出差多，还是为公事出差多呢？"（背景问题）

客户："一般都是为自己的事出差。"

张衡："这么说，应该称您为赵老板啦。那么，赵老板，请问您在出差时，飞机票一般是事先订好的，还是临时订的呢？"（难点问题）

客户："都有吧，有时候是事先预订的，有时太匆忙了，就临时订。"

张衡："如果事先预订机票，通常您会享受几折优惠呢？"（难点问题）

客户："一般能够享受7折或8折的优惠，不过有时候没有折扣。"

张衡："那您有没有享受过2～6折的优惠呢？"（背景问题）

客户："没有，从来没有享受过这么低的折扣。"

张衡："请问，如果您临时订飞机票，会不会遇到无票的情况呢？"

（暗示问题）

客户："遇到过几次。"

张衡："遇到这种情况，您一般会如何处理呢？"（暗示问题）

客户："只好等下一航班。"

张衡："这对您的工作有什么影响吗？"（暗示问题）

客户："有时候和客户约好的时间就得推迟，影响挺不好的。"

张衡："哦，这样啊。赵老板，如果解决了这些问题，是不是会给您带来许多好处？"（需求回报型问题）

客户："是啊，这样有些客户就不会跑掉了。"

张衡："您使用过商务旅行卡吗？"（开始推介产品）

客户："哦，没有，有什么用？"

张衡："使用商务旅行卡，您可以轻松订到机票，并可以享受2~6折的优惠。"（展现产品的特点）

客户："感觉是挺不错的，怎么办理啊？"

张衡："这个很简单，只要您……"

这就是张衡使用SPIN模式与客户沟通的片段，在他得到客户的明确需求后，一步步展现出自己产品的独特销售主张，以及产品对客户的独有商业价值。一般来说，得到的需求越多，销售成功的可能性就越大。

请根据张衡的营销方法，把SPIN模式运用到自己的电话营销中。

识别客户需求的2个技巧

通过专业的提问技巧，巧妙地探询客户需求。掌握有效倾听的技巧，听出客户的真实需求。

1. 询问

（1）问什么

对每一位客户来说，需求是客观存在的，但只有当客户对自身的现状产生不满，并意识到必须做出改变时，这些需求才能显现出来。所以，电话营销人员询问客户需求时必须让客户意识到现状与期望之间的差距，然后才能帮助其挖掘出真正需求。但在实际销售沟通中，电话营销人员应针对具体情况灵活应对。

（2）怎么问

在知道了问什么以后，怎么问也是必须掌握的技巧。

①权利式提问。之所以要将权利式提问放在其他提问方式之前来进行探讨，主要是因为权利式提问太重要了，而很多电话营销人员却没有意识到这一点。

权利式提问是指在正式给客户提出某个问题之前，首先通过一些简单的问题取得向客户继续提问的权利。它能够使电话营销人员接下来的提问显得非常自然，由前面一个问题自然过渡到下面一个重要问题，让客户感觉电话营销人员所提的关键问题并非那么突兀，从而使客户愿意从正面回答的机会有所增加。

当我们给客户提出一些问题的时候，经常会遇到客户不愿意正面回答的情况。客户对于电话营销人员所提出的问题顾左右而言他，此时沟通氛围就会显得十分尴尬，会对整个销售过程造成极坏的影响。

权利式提问能够在一定程度上帮助你解决这个问题，即是说，权利式提问便是帮助你让客户心甘情愿主动从正面回答你的提问。

②探索式提问。探索式提问是指电话营销人员具体就一些方面的信息或者背景因素，围绕着这个点发出的提问。它很有可能是许多的提问，其提问实施的核心便是聚焦，一定要将所提出的问题集中在某一个核心上，电话营销人员要弄清楚自己提问的最终目的是什么。

通常情况下，在理解客户现状与期望的时候，电话营销人员最好集中探寻最终与自己所销售的产品发生关联的信息；在确认客户问题之时，应当集中探寻客户对于现状的不满与抱怨，以便让客户自己意识到存在的问题。

在实施探索式提问的时候，要注意以下几个方面。

第一，尽量精简探索式提问的数量。无论是开放型还是封闭型的提问，这都不重要，重要的是电话营销人员要尽量以较少的问题收集到自己想要的信息。例如，在探寻客户现状的时候，因为客户对于这些问题非常了解，他回答类似的问题并没有任何可以看得见的利益，只是将自己每天重复做的事情对一个陌生的销售人员重新讲一遍而已。这样的资讯只是电话营销人员自己关心的方面，你属于得利的一方，客户并不是很喜欢回答一个个这样的问题。

在给客户打电话之前，电话营销人员就应该做好充分的准备，保证每一个问题都有自己的偏重与目的，千万不要去问那些随便就可以得到的信息，这样会显得很幼稚。

第二，问题的设计要有条理性或者先后顺序。几乎所有的提问都会带给客户不同的压力，只是压力的大小不同而已。当压力过大时，客户有可能选择退缩，不从正面作出回应。

在尽可能的情况下，电话营销人员应该从简单的、客户比较愿意回答的低压力问题开始提问，然后逐步升级问题的压力，保持问题之间的连贯性，并随时倾听客户的情绪反应。如果因为你的问题带给客户情绪上你不期望有的波动，要学会转移话题，防止提问过程中冷场情况的出现。

最好的方式就是将客户可能存在的关键问题进行分类，然后从中找到这些问题之间有联系的背景资料，设计成一连串的探索式问题。当客户一旦说到某个地方时，你就应该敏锐地捕捉到可能存在的问题点。

③引导式提问。客户在回答电话营销人员所设计好的提问时，会透露出许多信息。其间就会存在某些关键点，电话营销人员再将这些关键点挑出来，进行有针对性的提问，就是引导式提问。

引导式提问的最大特点就是前提假设已经有了某种倾向性，将客户的思路向某一个话题引导，而这个话题不仅是客户所关注的而且也是你所关注的。

例如，客户在回答中提到“一套财务软件我最担心的是安全性”，电话营销人员回答：“对，我也是这么想的，并且它的安全性能和××方面有关。您认为呢?”这里的“和××方面有关”就是带有引导性质的，如果显得合情合理，自然就可以让客户朝着有利的方向前进。

④确认式提问。电话营销人员提问当然有其最终想要达到的特定目的，就是帮助客户发现自身的一些不满和抱怨、帮助客户发现自己的问题点。但是即便电话营销人员已经做到了这一点，也不要自己讲出来，而是提出带有总结性质的想法，提交给客户确认。客户对于自己确认的事实会比较负责任，这种提问就是确认式提问。

电话营销人员与其帮助客户去发现问题，不如让客户自己发现并确认这些问题。

2. 倾听

要想听出客户的需求可以从以下几点入手。

(1) 全神贯注地去倾听

电话营销过程中，要细心聆听客户所讲的每一句话，用心留意客户的措辞、语气和语调，这些都会为你带来线索，对你发现客户言语背后所隐含的需求十分有帮助。因为双方都无法看到对方，只能通过语言交流来推测对方的态度和情绪。电话营销人员要想知道客户的态度，可以从对方说话的语气及回答你问题的用词中得知。

(2) 鼓励和引导客户说话

只有客户开口说话，电话营销员才能从中找到有用的信息，了解客户的需求。所以，电话营销人员一定要鼓励客户多说一些，只有这样才能了解客户的需求，并针对客户的问题找到解决方法。但是电话营销员在倾听的时候千万不要漫不经心，那样客户会怀疑你到底有没有在听，更有甚者会怀疑你推销的诚意。

如果电话营销员向客户提出几个问题后，都没有得到无关紧要的回答，那就说明客户对你的产品有一定的兴趣。反之，则表示客户对你的产品并没有兴趣。

(3) 总结客户的观点并适时反馈给客户

电话营销员在与客户进行交流时，要及时归纳客户的观点，并反馈给客户。这样不仅可以让客户感受到你一直在认真听他说话，还可以确认一下你有没有误解客户传达给你的信息，从而使你能更有效地找到解决问题的途径。

（4）要透过表象，听出客户的真实意图

从客户说话的语气及回答你问题的用词中得知客户的态度。例如，在客户讲话的间隙你不要只用简单的字眼来表示自己对客户的认同，可以在客户停顿的时候适当地提出几个对方关心的问题，或者复述客户刚刚说过的一些重要句子，来表示自己与客户拥有同样的想法。

电话营销员在推销的时候，一定都有这样的经历：当你对着电话另一头的客户从产品的性能到优势侃侃而谈，介绍得十分详细的时候，客户却没有一丝反应。这个时候的你一定很困惑，不知道接下来的工作如何进行。

所以，在电话营销过程中要学会充当“倾听者”。当然，不是要你单纯地听，必要的时候还要有一些反馈性的表示，及时总结客户的观点并反馈给客户。这样，既形成了与客户之间的互动，又能确保不误解或者歪曲客户的意思。

事实是，只有仔细聆听客户的话，才有可能明白客户的真实想法，从而调节销售策略，将销售工作进行下去。

在与客户交流的过程中经常打断客户的谈话，对自己的销售工作是百害而无一利的。你一定要秉持这样的理念：你打电话给客户最主要的目的是销售。电话营销员只有认真、有效地倾听才可以帮助自己得到更多成功的机会，但这一切必须是建立在客户愿意表达的基础之上。如果客户不开口说话，那么倾听就毫无意义。

培训指导

6W2H 原则

6W2H 指的是英文 What（什么）、Why（为什么）、How（如何）、

When（何时）、Who（谁）、Where（在哪里）、Which（哪一个）、How much（多少、多久）的缩写。下面，我们就分别以一些问句的案例来做详细说明，如下表所示。

6W2H 提问原则

6W2H	What（什么）	"您现在使用的是什么杀毒软件？" "您认为一台电脑好的标准是什么？" "您刚才所讲的速度具体是什么意思？"
	Why（为什么）	"为什么您这么关心售后服务？" "当时您是出于什么原因才作出这个决定的？" "为什么您会想到使用网络推广？到底是出于什么样的原因呢？" "您说您比较关心培训课程的满意度，为什么您会觉得满意度比实用性还要重要呢？"
	How（如何）	"您打算如何找到合适的人才呢？" "对于类似的问题您通常如何处理？" "您当时是如何决定去参加那场展览会的？" "您是如何判断一款软件安全性能的好坏的？"
	When（何时）	"您上次参加销售培训课程是什么时候的事情？" "如果可能，在什么时间举办会议比较好安排？" "刚才您提到的部门凝聚力不够强，是从什么时候开始的呢？"
	Who（谁）	"当时是谁负责作出这个决定的？" "现在具体是哪位负责这一块？" "有哪些部门会过来参加这场会议？" "除了您之外，我还需要和哪一位沟通比较好？"
6W2H	Where（在哪里）	"这套设备主要是上海还是广州分公司使用？" "您出差的时候，是到省内比较多还是省外比较多一点？" "如果可能，您希望我们的售后服务人员到哪里去见您？"

续 表

6W2H	Which（哪一个）	“在速度与安全之间，您觉得哪一个比较重要?” “如果付款，您觉得是现金还是支票比较好?” “您觉得是甲品牌还是乙品牌比较适合您的需要?”
	How much （多少、多久）	“大概多久这些问题才出现一次?” “您说希望尽快交货，那么大概多长时间比较好呢?” “上次重装系统大概花了多少费用?” “您负责人事这一块的工作有多久了呢?”

第九章
说服客户购买的说话技巧

俗话说：话有三说，巧说为妙。在电话营销人员销售产品的过程中，这句话一样适用。一般来说，向客户打跟进电话，最好提前预约，如果没有预约，就要找到充足的理由，这样既不会造成客户的不方便，也会让客户对你产生懂礼貌的好印象。

5 秒钟轻松搞定预约

我们已经知道，电话营销就是销售人员与客户之间的心理博弈，电话邀约无疑是其中较为典型的一种。要想在这场博弈中获胜，保持一种良好的心态是必不可少的。而获得良好心态的前提就在于身份的定位，即把自己的地位放到与客户平等的位置上。

很多电话营销员，尤其是新入行的销售人员，常常在给客户打电话时抱着一种“有求于人”的心态，这是一种非常错误的心态。事实上，在约见客户时，太过客气甚至于卑躬屈膝的态度反而更容易被对方拒绝。因为这样的态度会让客户在无形中降低其对电话营销员的信任，甚至会怀疑电话营销员是否另有所图，或者直接怀疑产品本身的质量。

所以，要想在电话里成功预约客户，就要在与客户的沟通中保持一种不卑不亢的态度，用真诚的言辞向客户发出邀约。

“低人一等”的不良心态对于电话邀约的害处显而易见。有鉴于此，我们应当极力摒弃自己的不良心态。这样才能成功实现电话邀约。电话销售人员可以试着从以下几方面着手。

1. 约见客户时要自信

很多时候，客户往往会认为，一个电话营销员之所以没有自信，或许是因为他根本不信任自己的产品。因此，当电话营销员在电话这端放低姿态、卑躬屈膝地请求客户的约见时，客户总是会一口拒绝。所以，电话营销员在约见客户时首先要有一个自信的态度，对自己的产品要充满信心。比如，下面的话就能充分显示出一名电话营销员的自信。

> “近10年来，我们的咨询服务已经帮助近百家企业实现了利润翻番。我们认为，您的公司也能够在我们的帮助下创造同样的奇迹，就看您有没有这样的兴趣。那么，您愿意抽出一点时间和我面谈一下吗?”

2. 保持热情

我们曾不止一次强调热情对于电话营销员的重要性，在电话邀约时仍然要强调这一问题。充满热情的声音，是让电话另一端的客户感受到你真诚的重要方式。如果你在电话邀约过程中能始终保持热情的态度，就能感染对方，引导其最终做出有利于你的决定。

3. 不妨欲擒故纵

对客户过分客气，只会助长对方的心理优势，让他以居高临下的姿态审视你。要想成功在电话里约见客户，一定不能过分客气。有时候，适时地使用一种心理战术反而能够达到良好的效果，比如，销售精英们最常用的欲擒故纵之法。

让我们通过下面的电话脚本来体会欲擒故纵的妙处。

> “如果您不愿意花上几分钟的时间见见我，让我为您演示我们的产品，您就会失去一个能够让贵公司的利润在短期内提升15%的机会，真是太可惜了。既然这样，我就不打扰了，希望以后有机会与您合作。”

值得一提的是，在使用欲擒故纵这一技巧时，电话营销员需要格外注意自己的表述方式，即语气和语调的配合。这一点至关重要。要知道，凡事过犹不及，如果说得不得当，很可能会激怒客户，导致彻底失去与其合作的机会。

4. 从客户的角度出发

作为销售业从业者，应当在任何时候都把客户摆在第一位，即任何考虑都应首先站在客户的角度。在与客户约定会面时间时，电话营销员也要从客户的角度出发，你所划出的时间范围一定是对方最可能接受的，千万不要以自己的角度为准。

这样一来，客户才会觉得自己掌握着主动权，觉得这是他自己做出的选择，而不是你强加给他们的。如下面例子就有强迫客户的意味：

“我是明天去拜访您呢，还是后天去拜访您呢？”

而采用下面的话术则会好得多：

“我去拜访您一下吧，您看您是明天上午方便呢，还是下午方便呢？”

“陈女士，您是今天有时间还是明天有时间？我们好派人到您家亲自检查一下门窗安全问题。”

培训指导

利用“台阶”取得预约

电话营销人员：“您好，斯维医生。我是纽约人寿保险公司的职员戴维·考珀，我们现在正在进行一项针对产科医生的计划，您今晚值班，是吗？”

客户：“是的。”

电话营销人员：“医生是一项崇高的职业，我非常敬佩和尊重你们。不知今天晚上我可否去拜访您，讨论一下我们将要给您提供的产品。”

客户："不用了，你的意思我理解。我一想到我生前投资的钱死后才能拿到，心里就有点难受。而且这么晚了，我又在值班。"

电话营销人员："没关系，多晚都没关系，我可以陪您值班。况且我们只是见面而已，买不买保险那是另外的事。"

电话营销人员："刚才您说生前投保死后享用，假如您这样理解，那当然心里不好受了。事实上，保险并不只在人死之后提供补偿，它还可以在您退休之后为您提供生活保障，而且，您从保险中获得的回报要远高于您的付出。"

电话营销人员："有一天，您退休了，病人们有义务为您提供退休金吗？没有吧？怎么办呢？最好的方式就是将现在收入的一部分用来确保将来的生活。"

电话营销人员："打个不恰当的比方，如果您没存到足够的钱就不幸去世了，您的家人怎么办呢？如果您投了保，保险公司就可以为您照顾您的家人。保险是一个独特的财务工具，您健康长寿，它可以提供养老金；您不幸去世，它可以为您的家人提供生活保障。"

电话营销人员："我10点赶到可以吗？"

客户："那好吧，我在医院等你。"

在适当的时候，我们可以提一个问题，利用"台阶"重新取得对这次通话的控制权。

请根据案例中方法，对照自己公司的产品，向客户模拟一电话脚本。

巧妙应对"头疼客户"

电话营销人员经常会遇到一些"头疼客户"，不知道该如何去应对。现在列出以下几种典型的"头疼客户"，分别来看看应对这些"头疼客户"都有哪些方法和技巧。

1. 让人困惑型

这类“头疼客户”常用一些让人很难理解的语言和表达方式，所说的话让人听不明白，或者是问电话营销人员很多问题，但无论你怎么说他也不明白。对于这类客户，虽然他们所说的可能让你不明白，但是你还是要回答他们提出的问题，不能回绝对方。面对这类客户，你可以采取以下办法来应对：

①回答问题采用模棱两可的方法。比如，电话营销人员可以这样说：

“您能把您的意思说得再清楚一点吗？我不太明白您现在所表达的意思。”

“我不清楚您刚才指出的那个细节的情况，我回头查一下，等一会儿我就给您回电话好吗？”

“我需要考虑一下您提出的问题再给您打电话。”

②让对方认为你已经明白他所说的事情，放下电话后，再打电话向能解释的人请求帮助。

2. 喋喋不休型

这类客户翻来覆去就是那么几句话，不管电话营销人员怎么讲解、保证，客户还是会唠叨个没完，完全意识不到自己给他人带来的不便。作为电话营销人员，你不能任由他们没完没了地说下去占用你的时间。应对这类客户的方法如下：

(1) 提出问题

多问这类客户一些能够让他们迅速集中思路的问题，以及可以引导谈话及早结束的问题，比如说：

“××先生，难道您不觉得……吗？”

“……难道不可以这样吗？”

“我们以……的方式开始工作，好吗？”

(2) 复述、思考和结束

具体内容如下：

①复述。指对方开始反反复复说某个问题时，电话营销人员有必要打断他说："我现在需要确定一下我是否明白您的意思。"

②思考。在对谈话进行概括之后，电话营销人员要给客户留出说话或者"思考"的机会。

③结束。指一旦客户对你的概述表示满意时，你一定要"结束"谈话。

（3）安排倾听客户的时间

电话营销人员可以花一定时间用来倾听客户，这个时间在安排上比较灵活，可以是3~5分钟，也可以是自己暂时抽出来的时间，不过对这个时间一定要有个限度，且事先不要向打电话者暴露这个限度。时间快到时就给客户反馈信息，说明你已经明白了他的意思。

（4）对客户耐心一点

电话营销人员碰到客户在电话中喋喋不休时，很重要的一点是要注意培养自己的耐心。

3. 暴跳如雷型

这类客户在电话接通后，通常会大吼大叫，因为打电话给他们提供了一个发泄的机会，让他们可以把一天积攒的不满统统发泄出来。面对这种情况，电话营销人员需要掌握一些平息这类客户愤怒的方法。

面对暴跳如雷型的客户，电话营销人员要注意避免用个人情感对待客户的怒气，更多的要尝试从职业的角度去思考处理问题。比如，电话营销人员可以这样说：

"小姐，因为我们的疏忽大意给您带来了不便，现在我代表公司向您道歉。"（当你或公司有错时才道歉）

"很遗憾，恶劣的天气让我们取消了约定。"（即使是你或公司控制了某种局面，对此也要表示遗憾）

"我们会尽快为您排忧解难。"（这并不是强迫电话营销人员要按对方要求去做）

"我们现在之所以能够改进服务，全是靠了您这样的客户的帮助。"

电话营销工作有时就是这样神奇，它时刻充满变数。当你碰上怒气十足的客户时，要尽自己所能帮助对方。做完这件事，你就可以继续迎接下一个挑战了。

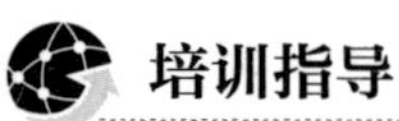

培训指导

面对头痛客户你该怎么办

在平常电话营销过程中，如果遇到头痛客户，你会怎么做？

在平常工作中，你遇到脾气不好的客户时，你应该怎么办？

面对拒绝时的办法

在电话约访的过程中，会碰到对方回绝你的情况，这时你要如何去应对，才能既不伤及对方的面子，又能把话题继续下去呢？

常见的拒绝借口：

· 没兴趣；

· 没时间；

· 那你把资料寄给我好了；

· 我以前做过保险；

· 没有钱；

· 目前我们还无法确定业务是否需要；

· 我要先好好想想；

· 我得先和其他人商量；

· 再考虑考虑，下周给你电话；

· 我们会再跟你联络。

遭受到客户的拒绝是正常的。这时候千万不要心灰意懒，而是只要有可能，就要设法将对方的回绝变成对你有利的因素。但是一定要摸准对方的心理，这点很重要，否则你还会遭到其他的障碍。回应拒绝的技巧有以下几点。

1. 重复对方回绝的话

这样做具有双重意义。首先，可以有时间考虑；其次，让客户自己听到他回绝你的话，而且是在完全脱离客户自己的态度及所讲的话的上下文的情况下听到的。

2. 设法排除其他的理由

用一种干脆的提问方式十分有效。

> “您只有这一个顾虑吗?”或是用一种较为含蓄的方式：“恐怕我还没完全听明白您的话，您能再详细解释一下吗?”

3. 对对方进行说服

完成这项工作有多种方式。

（1）回敬法

把客户拒绝的真正理由作为你对产品宣传的着眼点，并以此为根据提出你的新论点。

> 客户：“我对这种后面开门的车型不太喜欢。”
>
> 电话营销人员：“从全国的统计数字来看，这种车今年非常畅销。”

运用这种方式，你不仅有效地反驳了对方的理由，而且还给对方吃了一颗定心丸。

（2）同有竞争能力的产品进行比较法

把你所营销产品的优点和其他有竞争能力的产品进行对比，用实例证明自己的产品比其他同类产品更好。

客户："这本杂志刊登广告好像太贵了点。"

电话营销人员："我们每周都会售出10万本以上的杂志，是同类杂志销量最好的。考虑到销售量，广告费还是非常低的。您愿意同我们合作吗？"

(3) 紧逼法

说明对方回绝的理由是不成立的，以获取对方的肯定回答。

客户："这种壶的颜色似乎不太好，我喜欢红色的。"

电话营销人员："我敢肯定可以给您提供红色的壶。假如我能做到的话，您是否要？"

客户："这种我不太喜欢，我希望有皮垫子。"

电话营销人员："如果我能为您提供带皮垫的安乐椅，您是否会买？"

这种方法极其有效。如果将所有回绝理由都摸清并排除的话，最后一个问题一解决就使对方失去了退路。如果这种方法仍行不通，说明你没能完全把握对方的心理，没能完全弄清对方的真正用意。

培训指导

情景练习

下面是电话营销人员小王面对客户拒绝时，采用的回应对策：

小王："您好，我打电话给您是想同您商量有关您昨天来陈列室看过的那张娇形床的事。您认为这种床如何？"

客户："噢，是的。我没同您打招呼就走了，因为我觉得这种床太硬。"

小王："您觉得床太硬吗？"

客户："是的，我并不要求它是张弹簧垫，但它似乎实在太硬了。"

小王：“我还没弄明白。您不是跟我讲您的背部目前需要有东西支撑吗？”

客户：“对，不过我担心床如果太硬，对我病情所造成的危害将不亚于软床。”

小王：“这的确是个重要问题。那么您仅仅是担心这一点吗？”

客户：“是的。”

小王：“我们所有的床都是按照我们的矫形顾问医生所提供的治疗要求来生产的。假如给您订制一张床，而且保证这张床的硬度完全符合您的要求，您是否要呢？”

从这个例子，你能看出，小王最后能轻松赢得客户的订单吗？

认同是赢得客户信任的最佳办法

人们都会对那些认同自己观点、支持自己想法的人充满好感。工作中，电话营销人员应该学会经常向客户表达自己的认同感，让客户感受到自己的诚意，才有利于交易取得成功。

一位电话营销培训专家经常问他的学员这样一个问题：“如果一位朋友来你家做客，向你抱怨自己的孩子总是特别调皮，一刻也不会闲着，昨天从自家楼上不小心掉下来，结果摔得半个脸都青了。这时，你打算跟你的朋友怎么搭话呢？”很多学员都会这样回答：“如今的小孩都是这样，不调皮的能有几个呢？”

这就是在向朋友表达自己的同理心。

很多时候，认同客户的想法和感受，哪怕是很小的认同，也能够让客户感受到你的诚意，从而有利于销售工作的开展。

1. 认同你的客户

向客户表达你对他的认同感，让客户感受到你的理解、关心，有助于激发电话营销人员和客户之间的心理共鸣。

下面这几种方法可以很好地让你表达出对客户的认同心理。

（1）向客户表示你很理解他现在的感受

“张总，如果我碰到这样的事，我也会这样想。”

“张总，我很了解您现在的感受，这样的事情以前我也遭遇过。”

（2）向客户表示你认同他的想法

“张总，您这样做是很明智的。”

“张总，您能这样想真是太好了。”

（3）向客户展示他关心的问题没有被解决所带来的后果

“张总，产品出现了问题，这怎么可能不影响您的工作效率呢？”

“张总，如果产品的成本不能降下来，那后果真是太可怕了！”

（4）向客户表示他的想法获得了广泛的认同

“张总，我以前服务过的客户也都认为成本管理非常重要。”

“张总，设法降低成本对每个企业来说都是很重要的事情啊。”

需要注意的是，认同客户不可以盲目，电话营销人员需要准确揣摩客户心理，预测到客户的情感变化，然后从内心深处表示自己的认同。

2. 赢得客户的认同

认同是双向的，电话营销人员在认同客户的同时，也要赢得客户的认同。而想要获得客户的认同，就必须具备获得客户认同的资本，比如自己优质的产品、服务或者意见反馈等。

①提炼产品卖点，满足客户的需求。按照“FAB”（属性、特点和益处）法则，对产品进行透彻的了解，对市场上的同类产品也要进行深入的了解和把握，在明确同类产品卖点的同时提升自己产品的卖点。

②重视服务细节，让客户感到舒适。电话营销人员需要制订详细的服务跟踪表，在把握客户心态的同时，还要帮助客户解决具体问题。

③重视客户反馈的信息，对客户不满意的地方要及时改进。作为电话营销人员，对客户主动反映的各类问题，比如产品质量问题、广告支持、货物配送、投诉等，要给予高度重视，同时还要协助有关部门对这些问题及时加以解决。

④尊重并满足客户的各种合理要求。作为一名电话营销人员，要学会重视、关心自己的每一位客户，及时发现客户的心态变化，并对症下药。电话营销人员可以采用调查表的形式，让客户把心中不便直说的事情反映出来，在了解了客户所反映的问题的基础上去满足客户的合理要求，并以简明扼要的方式，比如用传真、用电子邮件等告知客户。

⑤不断提高自己的语言表达能力，完善自己的工作方式，努力做到让客户更满意。

⑥对客户的关心要体现在情感投入和实际行动中，客户最需要的是人情关怀。平时可以利用手机短信、发传真、聊 QQ 等方式，来培养自己跟客户之间的感情。在周末和重要的节假日里，记得真诚地问候自己的客户，从而增加双方之间的情感，拉近彼此之间的心理距离。

不管电话营销人员是想表达对客户的认同，还是想赢得客户的认同，重要之处在于把握好客户的情感脉搏，并根据客户的情感变化来安排交流的内容。总之，要让客户明白，电话营销人员提供的不只是产品，还有感情的交流、心理的调节……很多时候，电话营销人员只有成功地赢得了客户的心理认同，激发出客户的心理共鸣，才能赢得客户的信赖，那么成功才会变得指日可待。

培训指导

情景练习

电话营销人员：“是王总吗？我是××房产销售公司的小李，上次看楼时，您说要考虑一下，不知道您这边现在考虑得怎样了？”

客户：“我家里有个 4 岁的小孩，感觉那个楼盘有点不太合适。”

电话营销人员：“您是担心小孩上幼儿园不方便，是吧？”

客户：“是的。”

电话营销人员：“王总，您看，上次咱们看的那个小区位于城西15千米处，不仅小区的各种配套社区服务很完备，并且在其附近还有8所幼儿园。这些幼儿园无论是设施还是管理水平都是一流的，只要是在本小区内的住户，各幼儿园都有优惠政策，您完全不必为此事而担心。另外，您家里的孩子即使不在该小区内上学，我们也提供专车接送服务。”

客户：“还有，小姐，我感觉这房子的价格有点太高了。”

电话营销人员：“王总，咱们买房要想找到自己理想的户型不是件很容易的事，不是吗？另外，银行现在可以为您提供抵押贷款服务，您只要首付30%就可以入住了，剩下的70%，您可以用20年的时间来偿还它。王总，您看您与夫人下周一是上午还是下午过来看看呢？”

客户：“好吧，那我们就上午10点过去吧。”

电话营销人员：“好的，王总，下周一上午10点我们老地方见。”

客户：“好的，到时联系吧！再见！”

电话营销人员：“再见！”

仔细阅读上述案例，完成下面问题：

在这个案例中，售楼小姐是用什么方法与客户达成共识的？

成效篇

第十章
报价：谈判成败的焦点

报价是电话营销中最重要的环节，有许多刚入行的人员，由于对本行业情况的不熟悉或者急于求成，没有搞清楚客户的真实情况就报价，不知道要根据不同的客户情况报价。有的老销售员在报价时也掌握不好尺度。由于报价的不准确，造成客户的流失或者失去订单，所以报价一定要把握好。

在行家面前报价不可太高

报价时虽然可以把底价抬高，但是这种抬高也并不是无限制的，尤其在行家面前。

双方交易，就要按底价讨价还价，最终签订合同。这里所说的底价并不是指商品价值的最低价格，而是指商家报出的价格。这种价格是可以浮动的，也就是说有讨价还价的余地。围绕底价讨价还价是有很多好处的，下面举一个简单的例子。

早上，甲到菜市上去买黄瓜，小贩 A 开价就是每斤 5 角，绝不还价，这可激怒了甲；小贩 B 要价每斤 6 角，但可以讲价，而且通过讲价，甲把他的价格压到 5 角，甲高兴地买了几斤。此外，甲还带着砍价成功的喜悦买了小贩 B 的几根大葱。

同样都是 5 角，甲为什么愿意磨老半天嘴皮子去买要价 6 角的呢？因为小贩B的价格有个目标区间——最高6角是他的理想目标，最低5角是他的终极目标。而这种目标区间的设定能让甲讨价还价，从而获得心理满足。

如果想抬高底价，尽量要抢先报价。大家都知道的一个例子就是，卖服装有时候可以赚取很大的利润，聪明的服装商贩往往把价钱标得超出进价一倍甚至几倍。比如一件皮衣，进价为1000元，摊主希望以1500元成交，但他却标价5000元。几乎没有人有勇气将一件标价5000元的皮衣还价到1000元，不管他是多么精明。摊主的抢先报价限制了顾客的思想，由于受标价的影响，顾客往往都以超过进价几倍的价格购买商品。在这里，摊主无疑是抢先报价的受益者。报价时虽然可以把底价抬高，但是这种抬高也并不是无限制的，尤其在行家面前，更不可大意。案例中的销售员觉得自己的产品正好是对方急需的，而将价格任意抬高，最终失去对方的信任，导致十拿九稳的交易失败，对销售员来说也是一个很好的教训。

如果你在和客户谈判时，觉得不好报底价，你完全可以先让对方报价。把对方的报价与你心目中的期望价相比较，然后你就会发现你们的距离有多远，随之调整你的价格策略，这样的结果可能是双方都满意的。切忌报价过高，尤其是在行家面前。

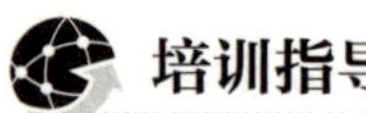

培训指导

实战练习

某公司急需引进一套自动生产线设备，正好销售员露丝所在的公司有相关设备出售，于是露丝立刻将产品资料快递给该公司老板杰森先生，并打去了电话。

露丝：“您好！杰森先生。我是露丝，上次听说您急需一套自动生产线设备。我将我们公司的设备介绍给您快递过去了，您收到了吗?”

杰森（听起来非常高兴）：“哦，收到了，露丝小姐。我们现在很需要这种设备，你们公司竟然有，太意外了……”

（露丝一听大喜过望，她知道在这个小城里拥有这样设备的公司仅此一家，而对方又急需，看来这桩生意十有八九跑不了了。）

露丝（颇为扬扬自得的语调）："我们这套设备售价30万美元……"

客户（勃然大怒）："什么？你们的价格也太离谱了！一点儿诚意也没有，咱们的谈话就到此为止！"（重重地挂上了电话）

仔细阅读案例，完成下面问题：

（1）案例中露丝的失败地方在哪里？

（2）如果你是该公司的电话营销员，该如何为客户报价？

常见报价方法

在激烈的市场竞争中，有以价格为导向的客户采购行为。在这种情况下，如果你的报价距客户的期望值很远，使得客户缺少遐想的空间，他可能就不会再听任何解释，那么你的报价就可能是一报了之。所以，要想吸引住客户，使得他愿意听你的报价解释，那么在报价上就需要掌握一定的技巧。

电话营销人员应善于对各种报价进行分析，从而总结出一些实用的策略和方法。诸如下面的几种方法就值得借鉴。

1. 高开价法

高开价策略可以有两种走法：高开高走和高开低走。高开价可以留给你一定的谈判空间，怎么谈都有回旋的余地。另外，高开价也有可能就此成交。价格往往是商务谈判中的核心因素，是销售当中的首要条款。在消费行为中，人们往往是通过价格来判断产品价值的，所以高开价可以彰显产品的品质。开价高可以避免谈判一开始便陷入僵局的情况，也是让买家有获胜感的方法之一。

2. 持平开价法

持平开价是就市场价格平均化的一种开价方法，这种开价法没有让步空间，不过若能在某些关键字句上保持模糊，接着在澄清模糊的过程中能合理解释，也可能达到平开高走或低开高走的目的。

3. 组合开价法

同时开出多个价码，并有相应的价格构成，让对方选择他最能接受的方案。例如中国移动有很多套餐，让人眼花缭乱，似乎能让人选择到最适合自己的价格套餐，可实际上，我们每月的话费依旧居高不下。

4. 幅度开价法

这种开价法是指卖方在报价时，把价格定在一定的幅度内告诉对方，让对方自己来定义价格。

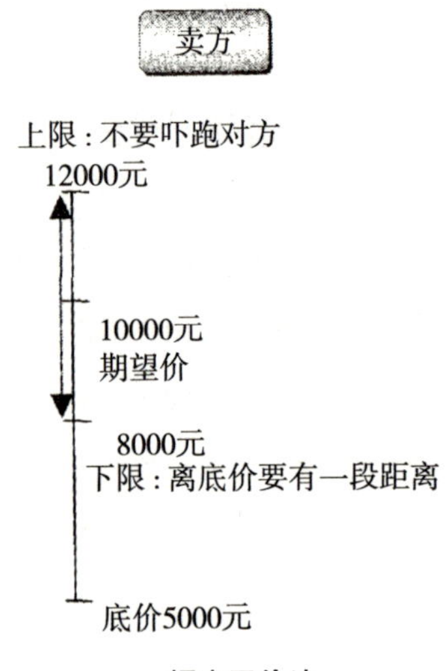

幅度开价法

卖方在报价的时候直接以 8000～12000 元的幅度价格告诉对方，这个时候，买方就会顺着思维定式来定义这个价格幅度：8000 元的报价大概是对于大客户或多次购买的客户所成交的价格，而 12000 元的报价大概是对于小客户或单次购买的客户所成交的价格，而像自己这种购买数量不大，又初次采购的客户，如果能把价格谈到 10000 元应该就不错了。买方一旦进入价格分析，这种策略就比较容易取得成功。因为即使最后谈到了 8000 元，卖方依然还有一定的价格埋伏。在采用幅度价格报价法时，要注意买卖双方所报价格的上下限，要有合理的价格解释进行支撑。

培训指导

情景案例分析

电话营销情景一：

电话营销人员："您好，顾经理，我是宇航广告公司的苗苗，您上次叫我今天跟您联系的，还记得吗？"

客户："哦，我想起来了，咱们之前谈过网站的事。"

电话营销人员："谢谢顾经理记得我，关于谈的建网站的事情，不知道您考虑得怎么样了？"

客户："这个吧，我考虑过了，建个网站也行，不过我想知道你们是怎么收费的？"

电话营销人员："顾经理，您的要求有没有什么变化呢？"

客户："嗯，没有变化，就上一次说的那样。"

电话营销人员："是这样的，根据您的要求，我帮您大概计算了一下……这样下来，所有的费用一共是……嗯，是1.2万元。"

客户："嗯，有点儿贵啊。能不能再便宜点儿啊？"

电话营销人员："顾经理，我刚才给您算的过程您都听到了，您是明白人，我给您的价格高吗？"

客户："的确不高，你就再给我便宜点儿吧，以后多给你介绍点生意。"

电话营销人员："好吧，看您也是个爽快人，顾经理！我就自己做主，收您1.1万元吧！您满意吗？"

客户："太满意了！成交！"

电话营销情景二：

电话营销人员："霍总，您好，我是爱业美术公司的小刚，还记得我吧？"

客户："嗯，是前几天打电话卖投影仪的那个吧？"

电话营销人员:“对，谢谢霍总还记得我！上次跟您谈的我们公司生产的最新款投影仪，您打算买几台呢?”

客户:“你们的产品我看过了，我们公司现在也确实有这方面的需求，那你给我报个价吧!”

电话营销人员:“霍总，我们公司现在处于起步阶段，正在开拓市场，像您这样的大客户我们是非常重视的，所以我就给您优惠价吧，13699 元一台，怎么样？爱普公司购买我们十台都没这么便宜，比这高差不多1000元呢。”

客户:“你这价格真比给爱普公司的要低?”

电话营销人员:“这还能骗您？霍总，不信您可以打听一下。”

客户:“好吧，我相信你，给我订五台吧。”

电话营销人员:“行，霍总，您看我什么时候给您送过去?”

客户:“……”

情景一里，电话营销人员在报价的时候故意将语气缓冲了一下，显得很真诚，很容易打动客户，最后确定价格的时候又做出了一定让步，从而使交易顺利达成。

情景二里，电话营销人员运用价格对比的方法，消解了客户对于价格的敏感心理，让霍总觉得自己捡了大便宜，因而果断做出了购买的决定。

得到承诺后再报价

报价问题一直困扰着每位电话营销人员，这是一个关系着交易是否能完成的重要环节。如果前面的事情都谈得非常顺利，但是在价格方面不能达成协议就太可惜了。其实，只要电话营销人员在得到客户的承诺后再报价基本上就可以解决这个问题。

电话营销人员:“郑先生，关于这件产品的其他要求我都可以帮您争取，但是关于价格问题，我真的是一点办法都没有了！之前我们已经确认过了，只要您在我们机构参加培训，费用方面是您上一天课我们只收取您半天的费用。这已经是我们的底线了。您还有什么问题吗？”

客户：“这点我很清楚，可是如果按照我的计算方式来计价的话，你们应该在我们培训的基础上再打八折，只有这样，我才能做决定！”

电话营销人员：“郑先生，您是我们机构的老客户了……”

客户：“你也知道，我们公司已经与你们机构合作过，而且价格要比这个合理。所以我实在不明白，你们这个培训机构对待老客户就是这种模式吗？我感到非常费解！”

电话营销人员：“郑先生，您刚才说的那个价格真的行不通，而且您也知道原来的价格之所以那么便宜，是因为销售人员为了完成业绩而进行的低价交易，那位销售人员已经受到处分了。我相信您也不忍心让我也因此受到处分吧！”

客户：“难道价格方面一点商量的余地都没有了吗？”

电话营销人员：“郑先生，真的已经最低了，这已经是我的底线了。”

客户：“那我真的要好好考虑考虑了！”

电话营销人员：“要不这样吧！我最后再跟经理争取一下，10 分钟后给您回复。”

客户：“好的！”

电话营销人员：“您好！我已经跟经理商量过了，我们要保证双方的利益都不受侵害，您说对吧？我们站在您的角度思考问题的同时，也需要您能够体谅我们……”

客户：“你说得非常对！”

电话营销人员：“所以我们的最终决定是在我给您的价格上打九折，您满意吗？”

客户：“好的，成交！”

客户一直不同意销售员给出的价格，电话营销人员在得到客户的承诺后，才给出了最后的报价，而客户也心满意足地接受了销售员的产品。

电话营销人员在报价前要事先设定一个底线，在谈判中不要轻易让步，当然，前提是第一次报出的价格不能太离谱。此时，无论客户提出怎样的条件，电话营销人员都不能轻易让步。因为，不满足是人的本性，如果电话营销人员轻易就降低价格，客户很可能会一而再、再而三地要求降价，所以说，不要轻易让步，除非是得到客户的承诺之后。我们看一下这段对话。

客户："你们的产品多少钱?"

电话营销人员："888 元。"

客户："这么贵啊，便宜点吧，600 元行不行?"

电话营销人员："太太，您给的价格，我拿货都拿不来，您要诚心要的话，我给您打个九折。"

客户："九折太贵了，再给便宜点吧。"

电话营销人员："再便宜的话就赔钱了，您总得让我挣点啊。"

客户："你要是八折的话，我就拿着。"

电话营销人员："您等一下，我给您问问我们经理。"

客户："好的。"

电话营销人员："太太您可真会讲价，我们经理说，给您拿着吧!都不挣钱!"

客户："谢谢啊!"

电话营销过程中，如果电话营销人员事先没有一个底线，那么在与客户沟通的过程中就会很被动，最终多半会以失败收场。因此，电话营销人员要想掌控全局，就必须在拨通客户电话之前定下底价是多少，报价时给出一个高价位，得到客户承诺以后，再给出合理的价位，这样才能保证利益最大化。

培训指导

实战练习

电话营销人员："您好，我是爱家房产公司的小静，您觉得我上次向您推荐的那套房子怎么样?"

客户："我倒是很喜欢那套房子，不知道价格怎么样啊?"

电话营销人员："我想您对市面上房子的行情已经有了一定的了解，您觉得这套房子能值多少钱呢?"

客户："我觉得你们这套房子不会超过80万元。"

电话营销人员："听您的口气，相信这个价格您也是经过慎重考虑后给出来的，确实，其他地段的住房80万元肯定能拿下来，但我们这套房子真的最少也得90万元，您看房子不能光看价格，还得看房子的楼层、朝向和年代等综合因素，整体来看，我们这套房子的价格已经很合适了。"

客户："难道一点降价的空间都没有了吗?"

电话营销人员："您要是有兴趣，我可以帮您跟业主商量一下，最多能帮您争取打个9.5折，再多的话我就没有办法了。"

客户："那好，你帮我多争取一下。"

仔细阅读上述案例，完成下面问题。

电话营销人员为什么没有直接报出房子的价格?

电话营销人员用什么方法得到客户的承诺的?

欲擒故纵之适时告退

适时告退，给对方极大的失落感。

电话营销员："陈经理，如果您对我们产品还有顾虑，您可以先进几台机器，试试销量，再决定以后的进货量。"

经销商："我是想进一些你们的产品，但是你们的价格与其他品牌的同类产品相比高了不少。要知道你们的产品目前只是杂牌，价位还这么高，肯定没有市场。"

电话营销员："我们的产品是不是杂牌机不是某个人说了算的，至于价格我已经为你们争取到了尽可能的优惠，这次交易能不能达成，决定权不在我，如果不成的话我想我会有其他机会的，不打扰了。"

第二天，经销商给电话营销员打来了电话。

经销商："肖经理，你先给我们送五台机器过来吧，价格就照你昨天说的那个价。"

"欲擒故纵"一字以蔽之，就是"走"。当然，这个"走"不是真的为走而走。对于电话营销员来说，有时候"走"是被迫的，因为你的价格已经报到了底线，如果你再磨下去，往往只会降低自己的底价，让对方有机可乘——或者要求降价，或者这笔生意以失败告终。如果你适时告退反而能给对方极大的失落感。

在一方价格毫无退路的情况下，谈判开始时电话营销员尽可能要让客户知道自己的产品很优惠，假若客户想从你手中拿货，但又希望可以得到更多的优惠，你最好在讲明条件后非常真诚地告诉他："我无法决定价格，这是公司的政策，这一点我帮不到你，不过我可以确保产品的质量与售后服务。"说完这些你可以将电话挂掉，把失落感留给客户。不过，很快你就有可能得到该客户的订单。

在价格还有商量余地的情况下，有时候你同样可以用"走"的技巧促成高价位成交。前提是对方对你的产品或者对你的介绍兴趣很高，不过因为价格或其他原因正举棋不定，这种"走"相当大程度上表现了你的自信。

培训指导

电话营销时间管理测试

请完成下表的测试，根据你的感觉，在对应答案上面打"√"。

测试题

测试类型	是	否
1. 很清楚自己的工作计划		
2. 在前天晚上就做好今天的详细工作计划		
3. 做事情能够分出轻重缓急，知道什么事情最重要		
4. 不喜欢拖延，做事情总是马上行动		
5. 别人在不适当的时候打扰我时，我能礼貌拒绝		
6. 我的客户资料总是归档整理，并分出客户层次		
7. 办公桌管理非常有条理，能够随手就找到物品		
8. 我尽量运用工具和授权的力量来节约时间		
9. 清楚每天不同时间段的价值，从不在上班时间找客户资料		
10. 闭着眼睛也能很快知道我每天的时间是怎么花费的		

测试评分：

8~10个“是”，你的时间管理做得很棒，每天都是有序的工作；5~7个“是”，虽然时间管理表现尚可，但是浪费的时间仍然很多；0~4个“是”，你每天很忙，但是不知道在忙些什么，甚至不清楚自己的时间是怎么花费的，要马上改善才对。

第十一章
议价：决定成交后的议价技巧

大多数电话营销人员对价格异议都抱有抵触情绪，客户异议太多就会有挫折感和恐惧感，甚至是一听到客户讨价还价就害怕。其实，只要电话营销人员在报价和讨价还价时掌握正确的方法，并运用得当，很快就能成交。

巧用“阶梯降价法”

在销售过程中客户讨价还价是非常正常的事情，作为电话营销人员，在还价的时候最忌讳的就是，第一次给客户便宜了50元后，第二次再便宜50元，然后第三次还是50元。这就会让客户感受不到一个清晰的底线，他的理解就是原来可以无限杀价的，电话营销人员最终也不一定能拿下订单。

1. 不要一次性将价格降到最低

当客户对产品的价格产生异议，要求销售员降价时，销售人员切记，不可一次性就抛出产品的底价，这种做法是非常不可取的。因为，客户只要还了一次价格，就必然有第二次。由于客户已经尝过一次甜头，如果此时断然拒绝，客户就会觉得不舒服，从而使谈判气氛转向紧张。有鉴于此，在对客户报价的时候，最好留有一定回旋的余地。

2. 降价的幅度要越来越小

电话营销人员在与客户讨价还价过程中，降价幅度要一次比一次小。

也就是说，在第一次让步之后，第二次让步时幅度要比第一次小，这样客户就能够感受到你对于价格清晰的底线，如果客户还有第三次要求的话，你顶多再让一个微小的幅度。降价幅度的缩小就代表着已经接近产品价格的底线了，顾客也就明白了其中的缘由。

3. 每次降价最好给客户一个理由

电话营销人员每次让步如果都能给客户一个理由的话，客户就会觉得你的让步是来之不易的，相比之下更容易促成交易。例如，可以采取下面的话语：

> “好吧，正好目前原材料市场价格出现了下滑，所以可以适当优惠一点儿……”

作为一名成功的电话营销人员，不管在什么时候，都要让客户意识到自己是与客户站在同一条战线上的，你只是一个最底层的销售人员，价格卖得再高那是公司的事情，你只希望帮助客户争取到最低的成交价格。毫无疑问，通过“阶梯降价法”这种幅度越来越小的让步方式能够充分地让客户接受最后的价格，进而购买你的产品。

培训指导

电话营销情景

电话营销人员：“您觉得我们的产品怎么样，我觉得特别适合您家的装修风格。”

客户：“我觉得有点儿贵，你能再给我们便宜一点儿吗？”

电话营销人员：“您也去过我们公司，我们的产品您也仔细看过了，我们的产品都是精工细作而成，不论是做工还是造型都是今年市场上非常受欢迎的，有如此大的优势，我们的价格真的已经很低了。”

客户：“我们好几家都在装修，我们一起多订点货，能降低些价格吗？”

电话营销人员："我们的价格真的已经很低了，看在您订货量较大的分上，能给您便宜200元，您看这样行了吧?"

客户："还有回旋的余地吗？虽然你们的产品质地很好，但价位上还不是非常合理，我还是觉得有点儿贵。"

电话营销人员："我们的产品性价比非常高，性价比高了优惠自然就相对少了。"

客户："您再给便宜100元吧。"

电话营销人员："看您也挺诚心的，我最多再给您便宜50元，否则真的要赔本了，真的不能再降了，否则我就没法卖了。"

客户："你再降点，再降点我就下单了。"

电话营销人员："再降真的我就得倒贴了，再给您便宜5元钱，一点也不能降了，就是这个价了。"

客户："那好吧，就这样吧。"

仔细阅读案例，完成以下训练：

(1) 案例中电话营销人员遵循了什么议价方法?

(2) 如果你是销售人员，该如何打电话?

(3) 和同事利用"阶梯降价法"进行模拟联系。

用详细明细淡化价格的"贵"

用详细明细淡化价格的贵是处理价格异议中非常实用的一种方法，无论电话营销人员销售的是什么样的产品，都可以用价格细分的方法给客户算一笔账，让客户觉得物超所值，从而选择你的产品。

1. 将货比货，对照分析

如果电话营销员在报价中觉得价位较高，利用自己的高价品和市面上的劣质品进行比较，不失为一个好的对策。通过货比货的分析，使客户明白整体计算下来销售员的产品价格更划算。有鉴于此，客户心中的异议自然会消失。

“虽然市场上同样的机械价格比较便宜，但只是单机的价格，并没有将维修费算在里面，您想，对于大型的机械设备产品来说，维修费可不是一笔小数目……”

2. 将价格化整为零

将价格化整为零主要是把客户无法接受的高价位，分解成不同细目的、客户心理上可以接受的价位。

“您刚听到这个价格觉得太贵了，不能接受，其实这个价格是包含运送费、安装调试费、测试费在内的，产品本身的价格并没有那么高……”

3. 帮客户算一笔账

可以帮助客户算一笔账，做个减法或者除法，就可以得出客户花费其实并不多的结论。在总价不变的情况下，诱导客户购买产品。

“我们的产品价位看起来是高了点，不过无论是品牌还是做工，以及技术含量在同行业里都是领先的。同样是汽车，大众总是无法跟奔驰比，而且像您这样有身份地位的人士，也只有这样的产品才配得上您的气质。”

价格是决定交易成败的最后环节，也是不可忽视的一个重要环节。而解决价格异议最好的办法就是用详细明细淡化价格的“贵”，并且告诉客户你的产品能给客户带去什么样的好处，客户心中的壁垒被打开了，成交就是唾手可得的事情。

培训指导

电话营销情景

电话营销情景一：

电话营销人员：“您好，王先生，冰箱您已经仔细看过了，您觉得我们的冰箱怎么样？”

客户：“冰箱的确是挺不错的，就是价格太贵了。”

电话营销人员："您所说的贵指的是和市面上的同类产品相比吗？"

客户："对呀，市面上跟你们这差不多的冰箱只需要1800元左右，可你们的冰箱却卖3000元，差1000多元呢。"

电话营销人员："从您这个角度看，我们的产品确实很贵，但是，我有必要强调一下，我们这个价格并不单单是冰箱的价格，还包括送货、保养以及日后维护费用。而您看到市面上1800多元的产品其实仅仅是冰箱本身的价格。"

客户："可是，这也不能差1000多元啊。"

电话营销人员："您只有在使用的过程中才会发现，我们其实是在帮您省钱，如果您买1800多元的冰箱，后期的花费反而会更多。"

客户："为什么这么说？"

电话营销人员："我给您算一笔账，我们公司为客户提供免费送货上门调试服务，这样您能够节省500元；五年内，我们公司还提供免费上门维修和保养服务，这样就可以延长冰箱的使用时间。而您购买市场上同类产品的话，现在是能节省1000元左右，可是冰箱后期得不到良好的保养，使用时间就会缩短，如果出现什么问题，还要自己出钱修理。您说哪个比较合算……"

客户："如此算来，还真是这么回事。"

电话营销人员："那您还要不要考虑一下呢？"

客户："不用了，就买你们家的吧。"

电话营销情景二：

电话营销人员："您太有眼光了，高先生，您看中的这款电脑，在显示屏、主机以及其他设备上，采用了大量目前最先进的环保技术，而且耗电量非常低。全部加起来还不到200瓦，而市面上的电脑平均耗电量在240瓦左右。"

客户："真有这么省电？不是骗人的吧？"

电话营销人员："当然，这一点您可以放心，说明书上有详细的介绍。省钱其实就是赚钱，高先生，您说是吗？"

客户："当然!"

电话营销人员："不仅如此，现在正好是我们八周年店庆，所以您还可以享受到三年整机全免费保养，目前本行业提供免费保养的期限只有一年，以当前的保养市场价每年200元计算，相当于您享受到了价值600元的额外服务!"

客户："呵呵，看来安小姐的数学很好啊!"

电话营销人员："谢谢高先生的夸奖，为您服务是我的职责，我也只是把您能够享受到的优惠尽量向您介绍清楚而已！对了，还有一点，因为您是通过电话订购的，省去了诸多的中间环节，所以如果您现在订购的话，只需要再加199元就可以换购一台原装高速喷墨打印机，您觉得怎么样?"

客户："打印机? 这个还不错，正好我想买一台呢!"

电话营销人员："是吗，那太好了，您觉得这台电脑怎么样呢?"

客户："很不错!"

电话营销人员："那我现在就给您下单了!"

客户："好吧!"

仔细阅读案例，完成以下训练：

(1) 情景一里，电话营销人员是如何赢得了订单?

(2) 情景二里，电话营销人员是如何帮客户细分产品的?

(3) 和同事进行模拟演练。

发挥礼品的最大价值

在现实生活中，每个人都渴望得到别人的优待，顾客也不例外，这种心理需求正好给销售人员推销自己的产品带来了很好的突破口。在销售人员与客户建立客情关系的时候，如果客户感觉你的付出都是厂家的意思，那么客户是不会感觉到愧疚的。但是，如果电话营销人员跟客户说该赠品不是每个客户都派送的，是自己帮客户争取的，那客户的感觉就完全不同了。

1. 让客户觉得自己受到了高人一等的待遇

每位客户在购买产品的同时也在购买销售人员的服务，每一家的产品都大同小异，但是服务却大相径庭。每个人都希望享受到特别的优待，如果电话营销人员对客户说“买我们的产品都会赠送一个精美的毛绒公仔”，客户就会觉得公仔本来就是自己应该得到的。

因此，电话营销人员在给客户派送礼品的时候，千万不要说每个客户都能得到这样一件礼品。这样不仅会让客户觉得没有独特性，礼品也发挥不了应有的意义。而采用下面的话术则能够更好地获得客户的支持：

> “为了答谢您的支持，我特地打电话到公司礼品部帮您额外争取到了一只精美的毛绒公仔作为赠品，希望您能喜欢。今天已经是29日了，距离活动结束还有最后一天，如果您现在就下单的话，我向经理申请额外赠送您一套价值800元的课程，您觉得怎么样?”

2. 让客户感受到礼品是为他争取的

礼品的价格往往决定着它的珍贵程度，但是得到礼品的难易程度也在一定程度上影响着礼品的价值。有鉴于此，电话营销人员在无法改变礼品本身价值的同时，却能够通过礼品的来之不易让客户感受到你的诚意。比如，电话营销人员可以这么说：

> “您别看这只是一只小小的毛绒公仔，这可是小静特意向经理申请才得到的呢……”

人们总是有这样一种偏见，那就是太容易得到的东西不值得珍惜，因此，电话营销人员在给客户派送礼物的时候，要告诉客户该礼物并不是人人都有的，是自己费尽口舌才争取到的。只有这样，才能提升礼品在客户心中的价值。

培训指导

电话营销情景

电话营销情景一：

电话营销人员："陆经理，我是前程培训公司的芳芳。关于您订购的周教授的电话营销培训课程，您上次说仅仅通过简单的资料介绍无法进行深入的了解，我想了一整天，终于想到了一个解决方法，今天特意打电话来告诉您！"

客户："哦，你有什么好方法呢？"

电话营销人员："我想，如果您的课程能够以视频的方式呈现，那您就可以直观地进行学习了。所以我昨天专门打了电话给周教授的助理，想拿到一些周教授的课程视频。但是周教授很少做公开的视频资料，所以，他的视频资料价格也不菲呢。"

客户："对啊，有视频的话，了解起来就方便多了。那么，芳芳，你是要再推销给我一套视频资料吗？"

电话营销人员："陆经理，您想到哪里去了，我怎么会这么做呢，我给您争取到了，我是要免费赠送给您，其他客户可是没有这种待遇的。"

客户："是吗，那太感谢你了！"

电话营销人员："您太客气啦！对了，陆经理，我还针对您的情况对视频做了一些剪辑，相信您看了之后，肯定能对周教授的课程有更进一步的了解，也能对您的工作有更好的帮助。"

客户："真的太感谢你了，芳芳！我一定要好好看看！"

电话营销情景二：

电话营销人员："陆经理，您好，我是前程培训公司的芳芳，上次您从我们公司订购了一套周教授的电话营销培训课程，为了回馈广大客户，也为了让客户对周教授课程的了解更加细致，我们公司特意制作了一套周教授的演讲光盘，将免费送给老客户。"

客户："谢谢，你给我寄过来吧，地址我一会儿发给你。"

仔细阅读案例，完成以下训练。

（1）情景一里，电话营销人员是如何赢得获得客户好感的？

（2）情景二里，电话营销人员这样做会成功吗？

（3）遇到情景二中的情况，你会怎么做？

客户常见异议及其处理方法

1. 3F 介绍法

正面回复法，也称为3F介绍法，其中3F是英文Feel（感觉）、Felt（感到）、Found（发现）的缩写。

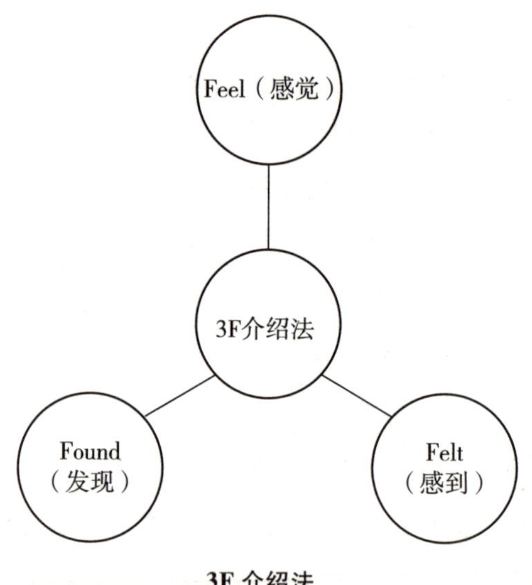

3F 介绍法

要这样去处理客户反对意见的原因是因为：对客户的反对意见表示理解（感觉），其目的是尽可能不使客户产生厌烦的情绪，人都有保护自我的本能，直接把客户错误的观点直白地指出来，会令客户更加维护自己的观点，你的理解会使客户感到你和他是站在同一战线上的，就会更加容易接受您的意见。代表其他人也有类似的看法（感到），说白了就是给客户一个合适的台阶下，我们中国人最好面子，哪怕是客户真的错了，也要想方设法给他能够下来的台阶。当电话营销人员一再表示很多人都有过类似看法的时候，客户内心就会想“哪怕我有一些不合适的地方也纯属正常，总之又不是我一个人存在这种想法”，这些所谓的其他人就是给客户安排的台阶。说得通俗一些，这与小时候我们考试完后，奶奶问我们成绩为何这么差，我们就说同村的大胖、中胖还有小胖考试成绩比我还差是一个道理。至于帮助客户发现正确的信息才是最关键的，你如此大费周章地讲述前面的两个 F，皆是为这个 F 做准备的，你可以用比喻、分析、正面回应等方法进行处理。

3F 介绍法关键是建立在正面回应的基础上，然而我们无法对客户提出的一切反对意见都给予正面回答。无论哪一款商品在提供最优惠价格的同时也无法保持最优良的品质，因而客户的反对意见有时候就是提到了我们所销售产品的不足之处，这是确实存在的。这个时候再使用 3F 介绍法处理就没那么奏效了。

2. 询问法

当客户拒绝购买时，一定要委婉地多问几个为什么。通过询问了解客户拒绝购买的真正原因，从而对症下药地说服客户重新来购买。总的来说，这一招有两个好处：

首先，透过询问，可以把握客户真正的异议点。很多电话营销人员受困于客户的一些表面性陈述，而不能了解客户的真实想法。其实，客户提出的异议常常不是真实的理由，有的只是借口，如“我们用的一直是某某公司的产品”，或客户其实希望降价，但却提出品质、外观、颜色等方面的异议。要真正了解客户真正的需求，往往需要挖掘其需求背后的需求，问题后面的问题。

这时，电话营销人员就要提一些开放式的问题，如“您觉得××公司的产品都有哪些好处呢”“您喜欢什么颜色的呢”等，并继续与客户探讨他的需求，客户必然会做出以下反应：他必定说出自己内心的想法；他必定再次地检视自己所提出的反对意见是否妥当。此时，就能听到客户拒绝的真正原因，也能有较多的时间思考如何处理客户的反对意见。所以，在没有询问客户异议重点及程度前，要避免直接处理异议。

其次，透过询问，直接化解客户的反对意见。

电话营销人员："王经理，您好！我是××公司的李东，有个问题想请教您一下。"

客户："什么问题？"

电话营销人员："您对我们的产品有什么意见吗？"

客户："还可以吧，但是太贵了。"

电话营销人员："王经理，我理解您的感受。在做任何一项决策时，价格都是要考虑的一个重要因素。我还想请教您，除了价格问题外，还有没有其他问题呢？"

客户："没有了。"

电话营销人员："如果我向我们经理为您争取一个优惠的价格，我们是不是就可以合作呢？"

客户："应该没问题。"

3. 转折处理法

当一个人的意见被别人直接反驳时，内心总会感到不快，甚至会很恼火。试想，如果电话营销人员正面反驳客户，会是什么结果？就算电话营销人员说得都对，也会引起客户的反感。所以，电话营销人员在表达不同意见时，尽量利用"是的……如果"的句法，软化不同意见，最好不要开门见山地直接反驳。"是的……如果……"源自"是的……但是……"的句法，因为"但是"的字眼在转折时过于强烈，很容易让客户感觉到"是的"的回答并没有多大诚意。因此，不管客户的意见如何不同，都要避免使用"但是""可是"或"就是"。

客户："这个金额太大了，我不能马上支付。"

电话营销人员："是的，我能理解，大多数人和您一样是不容易立刻支付的。您的意思是需要在付款方式上做些调整，对吗?"

客户："是的。"

电话营销人员："除了这个问题，您还有其他问题吗?"

客户："没有了。"

电话营销人员："如果我们能配合您的收入状况来计划付款，您是否满意？在您发年终奖金时多支付一些，其余配合您每个月的收入，采用分期付款的方式，让您支付起来一点也不费力。"

这样一来，不仅给客户留住了面子，而且也消除了客户的疑虑。

4. 以优补劣法

以优补劣法又叫补偿法：当客户提出的异议的确切中了产品或公司所提供的服务中的缺陷时，电话营销人员应该承认并欣然接受，然后淡化处理，利用产品的优点来补偿甚至抵消这些缺点，极力辩白是不明智的举动，关键是让客户产生两种感觉：

· 产品的价格与售价一致的感觉；

· 产品的优点对客户是重要的，产品的弱点对客户而言是不太重要的。

如果产品质量确实有些问题，而客户恰恰提出："这东西质量不好。"电话营销人员可以说："产品质量是有一点小问题，所以我们才给出这样的优惠价。而且公司还确保产品的质量不会影响您的使用效果。"

这样既打消了客户的疑虑，又以价格优势激励顾客购买。这种方法侧重于心理上对客户的补偿，使客户获得心理平衡。

5. 听而不闻法

西尼·史密斯曾说："回答不良意见的最好方法，就是不用管它。"有些客户的异议没有明显的动机，也许只是习惯或是发泄，与眼前的交易扯不上直接的关系，电话营销人员只要面带笑容点头同意或装傻就好了。不然的话，认真处理不但费时，还有旁生枝节的可能。只要让客户满足了表达的欲望，就可采用此法，迅速地引开话题。

比如，客户说："啊，你竟然是××公司的。你们公司周围的环境太差了，交通也非常不方便！"尽管事实没有这么夸张，也没有必要争辩。

不过这种方法也存在不足，规避客户的反对意见，有时会引起某些客户的不满，使客户产生厌烦心理。假若有些反对意见和客户购买关系重大，电话营销人员就不可以听而不闻，避免丧失推销机会。

6. 借力使力法

借力使力法是指当客户提出某些不购买的异议时，电话营销人员立刻回复说："我认为这正是你要购买的理由！"

这种技巧多用来处理一些客户并不十分坚持的异议，特别是客户的一些借口。电话营销人员能借处理异议之机，阐明产品的利益，以引起客户的注意。

客户向销售演讲课程的电话营销人员说道："我不需要什么训练课程——我很少被请上台演讲。"这时，电话营销人员可以回答："这正是您应该参加训练的好理由。您很少被请上台演讲——正像您所承认的，是因为您缺乏演讲能力。但等您参加过这个训练课程之后，您就会成为很好的演说家，就会有很多人来请您演讲了。"

这种"把反对理由转变成购买理由"的方法，每个个案只能使用一两次。

7. 化整为零法

化整为零是专门针对价格异议的一种方法，是指在客户认为价格太高、一次付款太困难的情况下，电话营销人员可以和客户一起计算，把较高的价格按照产品的使用寿命或按份额进行分摊，这样客户就比较容易接受分摊后的价格了。

客户："这台复印机价格太贵了。"

电话营销人员："王经理，那么您能接受的价格是多少呢？"

客户："8000 元左右。"

电话营销人员："王经理，如果这 2000 元的价格问题得到解决的话，我们是不是就可以签单呢？"

客户："应该是这样。"

电话营销人员："那好，那么我们认真探讨一下这个问题。假定您拥有这种高速复印机，您认为能用5年吗?"

客户："差不多这样。"

电话营销人员："好，我们来算笔账：2000元除以5，每年就是400元，复印机在你们公司每年能使用50周，那么每周就是8元，对吗?"

客户："对。"

电话营销人员："我了解到贵公司周末还常常加班，也就是说，每周使用7天也是比较合理的。这样，8除7等于多少?"

客户："1.14元。"

电话营销人员："每天只需多花1.14元，就能买台超能复印机来提高产量、增加利润，您不觉得这样做很值吗?"

客户："这样看来还是很值的。"

之所以运用这种方法，根本目的就是要让客户的注意力从一个比较大的数额转移到一个较易接受的小数额上。当电话营销人员纯熟地运用这种方法时，客户通常不会为了一个小数额而斤斤计较，这时成交目的也便会轻易实现了。

培训指导

熟记不同客户异议处理技巧

客户异议种类及处理技巧

客户异议的种类	处理方法
关于竞争对手的异议	评估异议——是否重要
	以事实来澄清错误的信息
	了解竞争者的优势和劣势
	强调产品的独特卖点
	不要批评和贬低竞争对手

续　表

客户异议的种类	处理方法
价格异议	用价格比较昂贵的产品来做比较
	把产品的使用年限延长
	采用补偿法，添加附加价值，扩大价值的印象
	化整为零，缩小价格的印象
	有技巧性地降价
偏见的反对意见	不要显露出对意见的轻视态度
	以不同的方法重述客户的异议
	指出客户的异议和其他意见的矛盾
错误的异议	采用听而不闻法
产品服务导向异议	提供证据事实真相，纠正误会与错误信息
请求帮助的异议	提供更多资料，使客户恢复信心
	应用其他实例，使客户恢复信心
	提供事实真相

第十二章
成交：促使产品成交的技巧呈现

在电话营销中，成交是一个很重要的环节，大多数客户都会提出一些异议。如何化解客户的异议，对电话营销人员的辨别能力、理解能力、分析能力及解决实际问题的能力都是一个极大的挑战。电话营销人员对成交时机的把握也很重要，太早提出成交会给客户造成压力，容易遭到客户拒绝；太迟又会错失良机。出于种种原因，客户常常不会主动提出签单，但是在沟通过程中，他们会经常发出一些信号。此时，电话营销人员若能准确识别客户发出的成交信息，并运用一定的促成技巧，成交也是水到渠成的事情。

应对提出拒绝的5类客户

1. 对现状非常满意的客户

大多数客户对自己的现状自我感觉良好，所以他们会下意识地拒绝任何改变，这就会给电话营销人员徒增很多沟通上的障碍。例如，客户说“我暂时不需要”或者“将来有需要的时候我们再联系吧”，可以很明确地表明这是一个对现状十分满意的客户。大多数的电话营销人员比较容易相信这类善意的谎言，通常乖乖留下电话，静待客户来电。事实上，有很多需求都是潜在的，只不过客户没有意识到而已，这就需要电话营销人员竭力引导客户对现状产生不满情绪，并产生对某种产品的需求。

从心理学的角度来分析，客户购买某一件商品时，通常存在两种动机：第一种是这个产品能带给自己多少好处；第二种是假若不购买这个产品，会给自己带来多少损失。上述案例中的电话营销人员便是成功地把握住了第二种购买心理，告诉客户要是不及时维护系统，便会蒙受多么大的损失。

2. 对借口缺钱的客户

客户常常以支付能力不足为由拒绝购买，例如，“产品不错，可惜无钱购买”“近来资金周转困难，不能进货了”等。客户以缺钱为理由表示拒绝，往往并不是实情。对这类客户，电话营销人员应当采用 3 种方法应对，如下表所示。

应对借口缺钱客户的 3 种方法

方　法	范　例
逆向思维	正因为生意不好，所以才需要新产品扩大销量，增加利润
表达同理心	我理解，我朋友的公司刚开始也是这样的，后来慢慢有了好转，能告诉我是什么原因才导致今天这种情况吗？也许我能帮得上您
赞美客户	以您的能力，即便是生意不好，我相信您也能逢凶化吉的

3. 对受过伤害的客户

这类客户往往由于以往的失败经验，不再相信电话营销人员能解决他们的问题，因此总是断然拒绝。所谓“一朝被蛇咬，十年怕井绳”，客户曾经对产品有过不好的体验，所以不容易相信电话营销人员。关键问题是要把客户的“心结”打开，只要对方受伤的心灵得到“安慰”，沟通就可以继续进行了。

对于曾经被伤害过的客户，电话营销人员可以与他一起找原因，让客户感觉到电话营销人员是真心帮助他解决问题，给对方被重视的感觉。这样，只要帮助客户找出问题症结，与客户建立起一定的信任关系后，就可以争取下一步的主动权了。

4. 对表示“做不了主”的客户

当客户以缺乏购买决策权为理由而拒绝时，例如，客户说“我做不了主”“领导不在”“领导还没有决定”“还需要其他负责人通过”等，这有两种可能：一是电话营销人员没有找对人，这个发出拒绝信号的人并不是关键人物；二是客户只是以此为借口。这就需要电话营销人员根据情形灵活采取应对策略。

针对这类客户，电话营销人员就要取得他的信任和帮助，取得关键人物的联系方式等相关信息。

5. 对感觉被骚扰的客户

感觉受到骚扰的客户往往有三种情形：一是本公司同事曾经打过推销电话；二是电话营销人员自己也曾打过推销电话；三是其他公司的电话营销人员也推销过类似产品。如果遇到以上三种情形，许多电话营销人员往往束手无策，被客户拒于千里之外。

为了避免这种情形的发生，一方面需要公司加强规范管理；另一方面，就需要电话营销人员勇敢面对，并掌握高超的应对技巧。

培训指导

应对客户拒绝能力调查

1. 认为被拒绝的次数越多，意味着将有更大的成功在等着自己。(　　)

A. 是　　B. 否

2. 被客户拒绝时，不会轻易放弃。(　　)

A. 是　　B. 否

3. 会诚恳接受客户的批评和抱怨。(　　)

A. 是　　B. 否

4. 会准确判断出客户拒绝后面的潜台词。(　　)

A. 是　　B. 否

5. 对于受过伤害的客户，能让对方打开心结。(　　)

A. 是　　B. 否

6. 如果客户表示领导还没决定，会套出真正的关键人物。(　　)

A. 是　　　B. 否

7. 遇到被骚扰过的客户情绪过激，能让对方态度改变。(　　)

A. 是　　　B. 否

8. 当客户表示不需要，不感兴趣时，会引导客户发现需求。(　　)

A. 是　　　B. 否

9. 当客户表示资金紧缺，无力购买时，会识别出是真相还是借口。(　　)

A. 是　　　B. 否

10. 对客户提出的拒绝，常常表示理解和认同。(　　)

A. 是　　　B. 否

测试评分：

如果对上述问题都回答“是”，说明具有较强的应对拒绝的能力；如果对某些或所有的问题都回答“否”，那么就应该有意识地加强这方面能力的培养。

提出成交请求的9个时机

要承诺不能太早，太早了客户会拒绝；也不能太晚，晚了机会就流失。那么，如何判断要承诺的时机呢？在电话营销中，有9个最常出现的要承诺时机。

1. 主动询问产品的细节

给客户做完产品介绍后，可能会有如下对话。

电话营销人员：“先生，您看这样子怎么样？”

客户：“不错，不过你们这个最低要多少钱？”

电话营销人员：“这个最低只需要58元。”

客户：“我买了以后，售后服务怎么样？”

这时你就应该判断出，客户真的是非常感兴趣，才会一直问细节问题，你应该抓住时机要承诺。反之，凡是你做完介绍，客户说很好，没有任何问题时，你去要承诺的成功率会非常低。

2. 同一个问题，问两次以上

客户：“你这个多少钱？”

电话营销人员：“58 元。”

过了一会儿，客户又问：“到底是不是58 元？”

这就说明他真的是非常感兴趣，只不过对这价格不太确定而已。

3. 主动询问价格

对产品感兴趣的客户才会询问价格，因此，如果客户主动问到价格，可视作要承诺的好时机。

4. 自言自语进行计算

我们给客户做完介绍，并告诉客户价格之后，客户在电话那边开始说：“58 元一个月，那一年就相当于多少多少钱。”一旦客户开始类似的计算，可视作要承诺的好时机。

5. 电话中保持沉默

这里指的沉默是指你做完介绍以后的沉默。例如：

电话营销人员：“先生，您觉得怎么样呢？”

客户：“不错，不过……”

客户问了很多问题后突然沉默了，可视作要承诺的好时机。

6. 问到手续办理事项

当客户问：“那我下一步该怎么办。”可视作要承诺的好时机。

按照正常的销售节奏，需要和目标客户通三五次电话，有时是十几次电话后，才有可能成交。但也有例外，比如下面的例子。

某个客户做决定很快，电话营销人员第一次与其通话快结束时，他说："好的，我知道你跟我谈的问题是这样的，那你告诉我下一步我应该干什么？"按照正常的流程，电话营销人员会说下一步再给他提供一个详细的方案，然后再讨论一些细节，看看具体怎么去实施等。但当这个电话营销人员听到他说"下一步我应该干什么"时，电话营销人员说："下一步很容易，咱们定个培训时间，培训时间定了以后，我就来准备课程。"他说："好的。"电话营销人员说："那你看什么时候安排培训最合适。"他就告诉了电话营销人员一个时间。电话营销人员说："好的，时间就这样定了。"

把时间定了，实际上就完成了整个销售过程。每个客户的决策周期是不一样的，有些人快，有些人慢，我们最关键的是要捕捉到要承诺的好时机。

7. 问到付款方式

如果客户问到付款方式这个问题，说明他对产品是真的动心了，到了这一步，要承诺是水到渠成的事。

8. 问到售后服务

客户购买之后，产品出问题怎么办是客户最关心的问题。所以在电话营销时，当客户问到售后问题时，表明他已经准备好购买这个产品或服务了。

9. 态度突然转变

态度发生转变，意味着客户开始准备购买产品或服务了。具体可通过下例体会。

某电话营销人员给客户打电话，那个客户一开始不冷不热的，很敷衍，但是后来态度改变了。他们谈的是销售培训，已经到了要做决定的时候了。客户有点摇摆不定，不知道选择该公司还是别家公司。客户踌躇一番后，开始讲："是这样子的，这次课程我们仔细考虑了一下，还是决定不选择你们了。"电话营销人员说那没有关系。紧接着他又说："因为我们的要求是这样的，你们在这些方面跟我们的要求不太吻合，虽然你们做得也不错，但是……”

客户这样讲的时候，其实还没有做出最终的决定，他说这些的目的是想让电话营销人员说服他。否则既然他都已经选择了别家公司，为何还要跟电话营销人员废话呢？后来通过努力，该公司电话营销人员改变了这位客户的决策标准，客户开始慢慢接受了他的观点。

因此，客户态度发生改变的时候，弄明白他到底想干什么，这是很重要的一点。上例中，电话销售人员最后用规范的服务流程去吸引客户，在价格上也做了一些调整，最后客户还是选择了合作。

态度的变化不单体现在通话过程中，还体现在别的方面。比如，我们天天给某个客户发短信，他从来不回复，但突然有一天他回复短信了，这就表明这个客户已经接受我们了。

当客户已经产生购买欲望之后，往往会有意无意间在电话中透露出一些信号或者蛛丝马迹，电话营销人员要有自己的敏感度，就像一个有经验的侦探一样，从中找到这个时间点，有技巧地提出解决方案。

打个比方，成交时机的掌握就好比打火机的原理一样，在火花闪现的刹那及时提供充足的易燃物，使其形成熊熊火焰，这个千分之一秒的时间就是关键时刻。

培训指导

案例讨论识别购买信号

电话营销人员：“这款T－1988型传真机，可以自动进纸，自动出纸，同时具有来电显示、呼叫转移等功能。”

客户：“它可以进行无纸接收吗？”

电话营销人员：“是的，这一机型体积小，安装方便，非常适合家庭使用。”

客户：“噢，那价格是多少？”

电话营销人员："1388 元，我们的价格相对来说是便宜的。"

客户："你们送货上门吗？"

电话营销人员："我们为您提供很完善的售后服务。如果您买后发现产品有质量问题，在一月之内可随时包换，一年内包修，终身免费维护。全国22 个大中城市都有我们的售后服务处，您可以放心地购买。对了，我们还提供北京五环内免费送货上门的服务，您看是不是很方便？"

客户："货多久可以送到？"

电话营销人员："您订货后的第二天上午就可以送到。"

客户："（沉默）"

电话营销人员："我们的产品，不论从质量还是从价格上来说，目前在市场上都极有优势。"

客户："可是我认为你们产品的价格还是有些偏高。"

（1）仔细分析上述案例，客户总共发出几次购买信号？

（2）客户提出的新异议，如果是你该如何处理？

（3）如果是你，该如何打这个电话？

掌握 8 种成交方法

出现成交机会之后，接下来电话营销人员所要做的尤其重要的事情，便是抓紧时间进行成交的试探动作。因为哪怕是客户再怎么有意向，也极少有客户会主动与电话营销人员讲"那你送一台过来吧"。客户是付款方，自然会显得较为犹豫不决，电话营销人员有必要学会主动出击，掌控多种成交方法，在不同的场景下懂得熟练运用。

下面就是在电话营销过程中常用的 8 种成交方法，大家可以对照学习，并运用在自己的电话营销过程中。

1. 假设成交法

假设成交法是指电话营销人员先假设一种客户希望出现的情境，激发客户的想象空间，然后再作价值对比，让客户明白他的付出和回报之间的对比价值关系，促使客户明白作出决定是物超所值的，这是一种很有效的成交方法。

假设成交法非常有效的一个关键原因，就是你并没有陈述某种事实，而只是在虚拟之中，这样可以降低客户的防范心理。

大家可以看看下面的例子：

“如果有一种方法可以帮您解决令人头痛的客户资料收集问题，您想具体了解一下吗?”（想）

“如果真的有效，是不是真的可以帮您节省大量的时间，并且可以大大提升销售业绩，赚取更多的财富?”（是）

“如果真的全部做到，您每一通电话中间都能够找到自己想要找到的关键联系人，有没有可能提升销售业绩30%以上呢?”（有）

“如果以每个月1.5万元的业绩增长来计算，那么一年下来，是不是可以帮您增加18万元的销售业绩呢?”（是）

“如果仅仅投资980元就可以一年增加18万元的销售业绩，这样的投资您觉得值不值得呢?”（值得）

“如果连980元都不要，仅仅需要680元，是不是更加物有所值、更加划算呢?”（是）

“我们这套客户资料收集系统……”

2. 由小到大成交法

由小到大成交法是一种较为隐蔽的成交方法，它指的是让客户首先做一个小的决定，之后再做一个大的决定。因为每次决定之间的幅度不大，客户较易作出承诺，当一个个看起来较为连贯的小决定累积起来的时候，最后便成为一个整套的解决方案。

由小到大成交法就好比让客户爬楼梯一样，如果要客户一口气就爬到二楼，客户觉得很高，担心很累。但是如果你一次只让客户爬一两个阶梯，客户就觉得很容易，这样不知不觉中就引导客户爬到了楼上。

比如下面的例子：

“王经理，要是按照您的要求，配置独立的显卡可能更好一点，您觉得呢？”

“除了独立显卡以外，处理器的配置最好是选用 64 位双核处理器，这样速度才可以保证您在设计上的需要，您认为呢？”

“在显示器的配置上，考虑到分辨率要高的要求，最好配置 ××品牌的高亮度显示器，您看如何？”

“同时在系统集成上面……”

3. 直接成交法

你可以用一句简单的陈述或提问直接征求订单。采用此法请直截了当、少说废话。对客户来说，跟他们一样直来直去是最佳方案。但是，采用这种成交方式，你得到“不”的概率约为 50%。

“我可以把您补充到交易名单中吗？”

“陈先生，那我就给您下订单了。”

“李经理，那我就把货物的规格写下了。”

4. 附加利益成交法

客户总是期待自己购买产品的时候可以享受到一些额外的附加优惠，这样会使自己有一种非常精明能干、占到便宜之感。为了这种感觉，客户是宁愿尽快付诸购买行为的。

附加利益成交法原本就带有诱导的性质，就像是我们到商场看一件衣服，感觉还不错，然而又犹豫不决，一时没有办法作出决定。这时候营业员告诉我们“要是您现在购买，可以享受到 ××优惠”，这种额外的优惠会使我们感觉物超所值，同时也给了自己一个购买的“借口”，也就心安理得作出决定了。

例如下面的例子：

“今天已经是30日了，在这个月内办理业务可以享受到新品推广价，即享受九折优惠！”

“要是您现在确认，我帮您招来经理申请一下，赠送给您一份精美的礼品！”

“要是满足您的要求，再优惠5%的话，您是否马上可以作出决定？”

“这是最后的机会了，上午公司刚刚开过会，下个星期就要涨价12%，你可不要错失良机呀！”

5. 短缺成交法

物以稀为贵，越是很难得到的东西，客户越是感觉物有所值，就越想要将其拥有。从竞争车牌的时候，那些特别号码总是可以拍卖出令人瞠目结舌的价格，就可见一斑。作为人性的一种原始欲望，电话营销人员有必要学会善加利用，把自己所销售的产品塑造成为一种极为稀缺的商品，可以产生良好的成交效果。

大家请认真回忆一下，在自己出去逛街的时候，对于那些写着“限时优惠，仅剩最后一天”的商店是不是有着特别的感触。

比如下面的例子：

“我们在每个地级市只选择一家加盟商，这样可以最大限度地保证我们合作加盟商的利益，之前已经有5位客户打来电话咨询过了，我们正在详细讨论。如果您有意愿，希望您能够尽快作出决定！”

“稍等一下，这款货品现在销售非常好，我不知道还有没有存货，要先打个电话问一下仓库，确定有货之后才可以给您答复。您看这样好吗？”

“坦白讲，现在供货非常紧张，即使您现在下单订货，也可能需要自己支付送货费用，不过抢到实际也就是赚到。您说呢？”

“这套英文版教材全国就只剩下三套了，而且在任何其他渠道您都已经买不到了，我担心过两天就没有了。因此，您最好现在就作出决定！”

6. 征求意见法

如果你已经回答了客户所有的异议或疑惑，而他们对你提供的成交方式不太愿意接受的话，我们并不能肯定是否该向客户征求订单了，也不敢肯定是否正确地观察到了客户的成交先兆，在这种情况下，最好能够使用征求意见法。这种方式能让你去探测“水的深浅”，并且在一个没有什么压力的环境下征求客户订单。

值得注意的是，一旦你询问客户是否购买时，请保持安静，不要过分地喋喋不休，这样不仅不能赢得客户，反而会失去销售良机。此时，沉默是金！因为，你说得越多，失去订单的风险就越大。

“陈先生，您认为这一服务能解决您送货的困难吗?”

“在您看来，这会对贵公司有好处吗?”

“如果我们能解决这一色料的问题，您认为这是否解决了贵公司的问题?”

“张先生，您显然有许多不买的理由，请您帮我一把，将您的这些理由告诉我，好吗?”

7. 允许试用法

如果你在软件公司推广最新软件产品，给客户一定的试用期，可以起到很好的效果。当然，其他公司也可采用试用的方法，如化妆品公司。

“既然您还是拿不定主意，那我为您争取一个为期一个月的软件试用版本，您试用之后觉得适合再购买；不合适，您也没损失。好吧?”

8. 回电成交法

若你不得不再次给客户打电话，可以使用此种方法，或者可以很好地消除客户“我再想想”的借口。注意：在给客户回电时要再次总结上次说过的种种好处，并加上“您记得，我们曾经同意……”之类的话。需要记住的重点是不要问你的客户是否思考过这个问题。

一旦识别客户准备成交的信号，必须马上完成销售任务。

培训指导

模拟一套电话脚本

根据本节的方法，完成下列训练。

(1) 利用假设成交法编写一份电话脚本。

(2) 利用附加利益成交法编写一份电话脚本。

(3) 利用征求意见法编写一份电话脚本。

售后篇

第十三章 成功跟进：让老客户为你介绍新客户

有人说，真正的销售是从售后开始的。售后服务也是销售的重要组成部分，是电话营销员与客户建立融洽关系的渠道，做好了售后服务，也就能够更好地提高销售业绩。那么，该如何维护这电话“打出”来的交情，跟进客户呢？下面就介绍一些常用的回访与跟进方法。

成交不算完：重视售后，适时回访

回访是保持与客户关系的途径之一，一个有远见的电话营销员总会根据自己所销售的产品或服务的具体情况，选择适当的时间和方式对客户进行回访。

交易达成以后，电话营销员应及时回访客户，对交易执行的情况进行了解。回访不仅有利于对交易的执行情况进行监控和核对，也是电话营销员负责的表现，能够让客户感受到你对他的关心及重视。

1. 电话回访内容

①询问客户在产品使用过程中的问题，比如：“王姐，您从我们这儿订购的按摩椅用着怎么样？”

②询问客户对产品或服务需要改进的地方，比如：“您好，卢经理，您认为我们的财务软件有哪些方面还需要提高？”

③与用户保持联系，在过年过节的时候送上祝福，比如：“新年快到了，小李提前给您拜年了，祝您生意兴隆！”

2. 利用回访机会进行关联产品的销售

电话营销员在利用回访的机会寻求关联产品的销售时机，最好选择这种产品搞活动或促销的时期，这样才不会让客户感到突兀。上述情景中的电话营销员正是通过回访的机会向客户进行汽车内饰的销售。

当然，电话营销人员要切忌高频率地给客户打电话，否则很容易招致客户的厌烦，最后适得其反。

总之，长久的客情关系就是一种动态循环关系。只要这个循环能够连续运转不断，电话营销员就可以从中赢得源源不断的新老顾客。而站在顾客的角度去看，他们也是十分乐意在其中体验享受的。这种动态循环不以商品买卖为中心，而是以客户开心体验为中心，这就是全程服务的思想理念，而这种理念则基于周到完善的售后服务上。

培训指导

电话营销回访情景

电话营销员："林先生，您好，我是××公司的小李，前天我们还聊过，您还记得我吗？"

客户："记得，记得。你有什么事？"

电话营销员："先生，是这样的，上次我们谈到项目合作的事情，当时您说拿不定主意，要好好考虑。我想您好好考虑是很明智的，毕竟这关系到公司的正常运行。如果有更多的参考资料，您做决定的时候就可以考虑得更充分更全面。我就找我们公司的技术人员做了一份项目模型演示，希望能够为您提供一些帮助。您看我什么时候给您发过去。"

客户："真是太谢谢了，我正愁找不到资料呢。你现在就发过来吧。"

电话营销员："好的，先生。还有一件很重要的事情，如果我没有记错的话，下周三就是您的生日，我也没有什么可以表达的，就选了一套按摩器，希望您喜欢。"

客户："你太客气了，多谢你记得。"

仔细分析案例，你从中学到了怎样的回访技巧？

如果你是电话营销人员，你会用什么方法去回访这个客户？

跟进客户不同方法与技巧

很多电话营销员会在跟进的环节犯难，他们不知道到底需要如何跟进。

其实，首先跟进一定要建立在第一次预约与第一次拜访的前提下。因为若是你没有第一次的判断，在跟进的过程中，会很难快速地获取成绩。

有些勤奋的电话营销员，每天拜访客户，每天都极为准时地给客户打电话，却仍然无法正确地掌控客户的信息，从而也就更不知怎样根据不同的情况来跟进了。

1. 成交后至少还要再打三次跟进电话

在电话营销工作中，真正的销售并不会随着订单的到手而结束。在成交以后，电话营销人员还需要做很多工作。在拿到客户的订单后，还有一个很长的跟进过程。如果客户跟进工作做得不到位，客户就会觉得自己被冷落了，从而心生不满，有些人可能因此取消跟电话营销人员之间的合作，这些对于电话营销人员来说，只会带来巨大的损失。

一个成功的电话营销人员，必须能够成功地留住自己的客户，并牢记：拥有一个忠诚的老客户，要比开发两个新客户更有价值。

在与客户成交之后，电话营销人员至少还要再打三次跟进电话。一般来说，电话营销人员的第一次跟进在成交后的 2 天内为宜。具体跟进内容包括：

①询问客户是否顺利收到产品，产品在运送、安装过程中有没有出现什么问题；

②产品的使用效果如何；

③客户对公司的安装、配送流程有没有好的意见或建议。

生活中，你也许有过这样的体验：当你从国美或苏宁购买一台家电后，不久就会有人打电话过来询问“货物收到了没有”“安装过程中采取必要安全措施了吗”“家电使用效果如何”“还需要提供什么帮助吗”等。

那种被关心的感觉是不是让你到现在还记忆犹新？这种做法充分发挥了品牌的积极作用，让你在下次买家电的时候还想去这家店。

第二次电话跟进应该安排在成交后的10天左右。具体跟进内容有：热情地询问客户，是否需要得到某方面的专业指导；询问客户，在产品使用过程中有没有出现需要解决的问题。

第三次电话跟进最好安排在成交后的20天左右。具体跟进内容有：询问客户产品在使用过程中有没有出现突发问题，这样做可以增强客户对公司的信任；热情地询问客户，是否还有其他方面的需求；向客户介绍新产品，进行新产品的连带销售。

2. 给客户寄感谢函或致谢卡

通过邮寄的方式给客户寄去自己的感谢函或致谢卡，是一种经济实惠、行之有效的好方法。这个方法操作起来简单方便，不仅能很好地表达你对客户的感激之情，也方便你和客户之间的交流和沟通。事先预备好致谢卡，然后在电话营销结束后再寄送给客户。当然，这种致谢卡也有自身的缺陷，比如，它们都是成批制作的，会比较缺乏个性色彩，因而很难让所有客户都感到满意。

3. 兑现自己的承诺

除了以上这些做法外，电话营销人员还应该多采取实际行动让客户感受到自己的诚意，具体来讲就是兑现自己曾经作过的所有承诺。

孟子说：“言而有信，人无信而不交。”可见，人如果不兑现承诺，势必失信于客户。那么，接下来的客户跟进工作就会变得困难重重。

4. 建立客户档案

优秀的电话营销人员无论是在产品的销售过程中还是销售完毕后，都不会对客户跟进工作有丝毫懈怠。不少电话营销人员认为，自己的记性好，听力也好，只凭听客户的声音就能判断出对方是谁，因此，他们会觉得建立客户档案是多此一举。然而，这种想法是极为错误的，建立客户档案对任何一名从事电话营销工作的人来说都是相当重要的。因为，你只有全面了解客户的信息，才能更好地做好跟进工作。

通常而言，客户档案应包括这样一些内容：客户公司的名称、联系人的名字、具体联系方式（手机、电话、电子邮件、通信地址等）；与客户联系时的具体时间以及谈话内容；客户的订货情况，包括时间、地点、品种、数量；是否对客户承诺过什么；客户对公司产品或同类产品的使用情况如何，有何意见；客户的其他具体需求有哪些；客户是哪里人，其性格特点如何等。

5. 不同的客户

那么，关于跟进的方法，我们针对客户对产品的态度可以将其分成3类。

（1）客户对你的产品缺乏一种深刻的了解和认识，态度十分暧昧，可买可不买

在面对这类客户的时候，电话营销人员要尽量把自己的产品说得浅显易懂，让客户知道该产品能够给他们带去什么样的好处，尽可能地激起客户的购买欲。

对于那些业务比较生疏的电话营销员来说，如何打好第一个电话确实是一个比较苦恼的问题，对他们而言，或许就是一种挑战。但是，对于那些比较有资质的销售员来说，如何跟进，如何与客户保持长期联系才是他们需要钻研的课题。

（2）客户对产品还是比较感兴趣，也需要这种产品，只是对价格还有不同意见

针对这种客户的跟进，最好是收集同类产品的价格情况，从自己的产

品成本出发，算账给客户听，以取得对你产品价格的认可，为了达成协议可在原报价的基础上有所下调。

（3）客户对产品很感兴趣，也想购买你的产品，但由于暂时出现资金问题无法购买

面对这种类型的客户，你应该与他协调好，一起制定出一个时间表，让他将购买你的产品费用做出进一步预算。当然，这类客户不可能直接表明自己没钱，你要自己学会判断。

那么，怎样才能很好地跟进，很好地和客户维持联系呢？

· 不但促进销售成交，还要给客户留下好印象。

· 简单说明上次通话内容，让客户回忆起上次的通话情景，比如，双方曾经做过的承诺，同时表明此次通话的目的，并非单单告诉客户："我认为应当打个电话给您……"

· 给客户打跟进电话时一定要讲出一些新的、相对较为深入的话题，要让客户感觉到每次与你打完电话都会有不一样的收获。

· 做好详细计划，辨别有价值客户进行跟进，之后再根据客户类型确定电话跟进的频率。

· 最好设置一个客户联系软件来管理你的客户，用来提高效率，改进销售流程。

6. 跟进频率的把握：不紧不慢

做任何事情都不可能一蹴而就，生意也是如此，一次就能做成的情况少之又少。在销售的过程中，销售员与客户需要反复商讨和沟通，才能达到令双方都比较满意的效果。而此过程中就需要销售员不断地跟进，使谈判不断地深入，从而达到最终目的。

及时且适度地跟进客户，不但能体现电话营销员对工作的负责态度，还能让客户感觉到自己被重视、被尊重。所以，当与客户的合作告一段落或者合作结束后，电话营销员一定要及时地跟进。但是，跟进也是要掌握一些尺度的，如果电话营销员无法掌控跟进的频率，最终很可能会适得其反。

培训指导

客户跟进表（见表13－1）

表13－1　　客户跟进表

序号	姓名	客户类型	拜访次数	对产品的态度	感情投资活动	总共金额	购买日期
a							
b							
c							
d							
e							
f							
g							
h							
i							

说明：

（1）客户类型：①自命不凡型；②脾气暴躁型；③犹豫不决型；④小心谨慎型；⑤八面玲珑型；⑥深藏不露型；⑦理智好辩型；⑧贪小便宜型；⑨来去匆匆型；⑩节俭朴实型。

（2）对产品的态度（可多选）：①喜爱，用得很好；②用得一般，并不兴奋；③买了，但没用；④不想买更多产品；⑤用得不好，不接受新产品。

让老客户为你介绍新客户

一些有经验的电话营销员通常都会懂得利用好老客户的人脉渠道。而要想让老客户为自己介绍新客户其实也并非难事。一旦老客户对你和你所推销的产品都已经非常认可了，那么他们将自己的认可与身边的亲戚、朋友分享也在情理之中。有的销售员总是不敢向客户开口，怕遭到客户的拒绝。其实，这种顾虑是完全没有必要的。

换个角度去思考，如果你是一个消费者，你对购买的产品相当满意，那你肯定会推荐给自己身边的朋友和家人，让他们认同你的选择。所以，只要你时刻为客户提供好的产品、好的服务，让客户用得放心，取得了客户的信任，他们一定会愿意给你介绍新的客户。

一般来说，能够给你转介绍的老客户可分为以下4类，如表13－2所示。

表13－2　老客户类型

客户类型	方法指导
热心帮你的老客户	这类老客户是最受电话营销人员喜欢的，但是这类客户也最爱出风头，好表现自己，喜欢荣誉。因此，与这类客户打交道，你应该抓住每次机会让他好好表现一下自己
要你给他好处才帮你介绍的老客户	这类客户要求你给他金钱上的好处，比如拿回扣，给他提成等。这类客户也比较好沟通，你可以直接跟他谈条件，只要你的条件让他满意，在利益的诱惑下，他肯定会非常卖力地给你转介绍
希望你帮他解决问题的老客户	这类客户给你转介绍既不要荣誉也不要金钱，但他有事情需要你帮忙，否则他是不会给你操这个心的。他可能成功地给你介绍几个客户后，会婉转地告诉你，他有什么困难一直没解决，希望你能帮他个忙。如果你拒绝了，或者说自己办不了这件事，他可能就会跟你翻脸，但是如果你的做法令他很满意，那他会很感激你，以后也会一直跟你保持这种关系。只要你能维护好和他之间的这种关系，他会一直给你转介绍的
与你是单纯友谊关系的老客户	这类客户是最省心的，也是转介绍量最少的。他不会对你提出什么要求，给你转介绍也纯粹是出于朋友之间的情谊。遇到了合适的人，他才会把这个人转介绍给你，遇到了就介绍，遇不到就算了。这类客户，你需要跟他好好相处，因为他对你的帮助是不求任何回报的，所以你不要把他当客户，要把他当朋友

对于这4类客户，电话营销人员需要经常去关怀他们，让他们感受到你的温暖。

当你请老客户帮忙转介绍时，可以运用以下技巧。

1. 要让老客户明白，你将得体地处理这件事情

比如，你要向推荐人说明你将在他推荐的人那里如何行动，如：“我告诉他您是出于对我们的信任并且也希望他能够分享到我们良好的产品和服务，等我跟他联系后我会把我们之间的通话情况再向您简单汇报一下。顺便我会告诉他你很久没有见他了，你很欣赏他在这个方面的专业精神和他的为人。”

2. 要向老客户确认是否告知对方推荐人姓名，并在约见后向老客户表示感谢

老客户为你转介绍客户，事实上为你提供了信誉担保，所以，你不能辜负了老客户的这片好意，否则你很有可能会失去两个客户甚至更多。如果你能很恰当地处理此事，你就能在行业里为自己赢得一个很好的口碑，你会因此成为老客户的“圈里人”而得到他们的认可。

3. 要求老客户进行转介绍不要急功近利

你在请求老客户转介绍时，千万不要表现出一副非常着急赚钱的样子。适当的做法有助于在你和老客户之间培养出长期的关系，而不只是销售关系而已。你可以通过有技巧地提问，让老客户不断地认同你，到最后当你要求他转介绍客户给你的时候，相信他会非常乐意帮你的。

4. 请求你的老客户打电话约见转介绍客户

如有可能，你可以继续向老客户提出请求：“您能帮我引荐一下吗？通知一下您的这位朋友，我想明天上午过去拜访下他。”如果你的销售工作做得很到位，客户对你的表现也很满意的话，他通常是不会拒绝你这个请求的。如下例所示：

老客户：“老徐啊，最近有时间吗？”

转介绍客户：“有啊，干吗啊？”

老客户：“我刚刚买了一种产品，感觉效果还不错，我想你可能也会感兴趣，想介绍给你认识一下。”

转介绍客户：“究竟是什么产品？”

老客户："你出来再聊吧。"

转介绍客户："好的。"

当人买了一件东西后，不管他会不会后悔，他都会或多或少地找一些支撑自己购买这种产品是正确决定的理由。在这种情况下，他同样会把这个理由拿去说服他的朋友，于是这个客户就帮了你的大忙。如果你能够有效地运用这个方法，那么你就不愁找不到准客户了。

5. 安排一次三方会面

这是你为第一次拜访或沟通所做的感情铺垫。第一次与转介绍客户及老客户见面时，最好安排大家在一起吃顿饭，或者在某个交流活动上见面等。每一位老客户都有一个自己的人际关系网，如果你能逐个开拓这些关系网，那你就等于开拓了一个市场，而你就是这个市场的主角。如果将这些关系网再逐个延伸，开拓第二层关系网的客户，那这个市场就更大了。第二层之后还有第三层，只要这样坚持下去，那么你的客户将源源不断。

可见，学会请求老客户帮忙转介绍是电话营销过程中不可或缺的一个步骤。如果在推销时记住这一原则，你就一定能不断扩大自己的销售业绩。

培训指导

电话营销情景

电话营销人员："从经理，您好，我是××公司的刘洋，您现在讲话方便吗?"

客户："小刘啊，方便，有什么事你就说吧。"

电话营销人员："您觉得我们公司这次为贵公司办的展会怎么样，现在有参展商和您敲定合作吗?"

客户："嗯，挺不错的，有三家参展商已经定了和我们公司的合作意向，还有几家公司处于考察中，这说明你们的宣传很到位，十分感谢。"

电话营销人员："那就好，让您满意就是我们的宗旨，这也是我们希望看到的结果。对了，从经理，您那边还有需要做展会的朋友吗？"

客户："还真有一个，我一个朋友在××公司做管理工作，你可以跟他联系一下。"

电话营销人员："是吗？真是太感谢您了，到时候我就说是您介绍的，您看行吗？"

客户："没问题，他姓王，电话是……"

电话营销人员："好的，非常感谢您。从经理，如果以后您有什么需要随时跟我联系。"

客户："行，没问题。"

仔细分析案例，看看电话营销人员是如何获得老客户的推荐电话的？

如果你是电话营销人员，你会用什么方法让老客户为你介绍新客户？

与客户保持跟踪联系的七大工具

与客户保持联系主要有以下几个途径。

1. 电话

电话是与客户建立长期联系的最常用工具。利用电话与客户建立良好关系方便、快捷，要充分利用这种工具。

在成交以后，电话营销人员至少要给客户打 3 次电话。如果没有及时跟进，会引起客户的不满，甚至前功尽弃。一位成功的电话营销人员要时时记得这样一个道理：成交并不是最终的结局，还要成功地留住自己的客户，因为拥有一个忠实的老客户比开发两个新客户要容易得多。

所以，在恰当的时机给客户打电话，不仅能够提高客户的忠诚度，还有机会赢得客户的推荐。

要注意的是，并非所有的客户都适合采用电话跟进，对于那些最近 3 个月内都没有需求的客户而言，这样成本会很高，而且效率也很低。所以，除了电话以外，电话营销人员还要掌握其他的方法来与客户保持联系，使客户不会忘记你。

2. 电子邮件

电子邮件也是目前主流的沟通联系方式之一，可以随时随地给目标客户发送期望传达的资讯，而不会受到任何限制，如大家常用的节假日祝福、新产品资料、定期的电子期刊等。而且，电子邮件具有群发功能，加上配合对应的软件，可以做到针对某个特定群体的发送，成本低廉而且效率很高。

不过，电子邮件的缺陷也是非常明显的，几乎所有人都知道电子邮件是不用花钱的联系工具，客户每天打开邮箱就是一大堆的未读邮件，已经成为一件很让人头疼的事情，于是客户就会进行屏蔽处理，其中就包括你所在公司的邮箱地址被设置为垃圾邮件。

如果在发送电子邮件的时候，已经取得了客户的同意，事先就有了约定，那自然无妨。不过如果你所发的电子邮件是给那些暂时没有需求的客户，或者只是定期发送邮件与客户保持着若即若离的联系，让客户不至于忘记自己；或者发送邮件仅仅是为了寻找销售线索，而给完全陌生的客户所发的邮件则需要注意以下事实。

（1）设置有吸引力的标题

通常而言，客户在打开邮箱之时，都是根据发送人或者主题来确定是否阅读或者先后顺序的。发件人是谁，客户一眼便可以看出来。不过除去少数的在通讯录里有保存的熟人以外，大部分电子邮件客户依旧不清楚究竟是谁发送的。这时候客户便会通过电子邮件的标题来判断是否是有价值的电子邮件，而这正是电话营销人员能够利用的地方。

有很多电话营销人员在发送电子邮件的时候有个坏毛病，便是在标题中直白地告诉客户他们要讲的内容是什么，这是非常糟糕的事情。除非你的内容很具有冲击力，要不然客户已经可以由此作出是否阅读的决定，你也就不存在激发客户好奇心和兴趣的机会了。

发送非预约电子邮件的第一条准则便是通过标题让客户产生好奇心

理，标题应该很简单，内容好坏是一回事，客户是否打开看则是另外一回事。

（2）内容要新颖，有实际帮助

即便是客户现在已经打开了你的电子邮件，但是留给你的时间不会超过 20 秒钟，客户大概扫描之后，会马上判断是需要阅读还是立刻删除该邮件。

发送电子邮件时要根据客户所属行业、职位、爱好的不同，尽量做到对客户有所帮助，这是电子邮件是否有效的关键所在。

另外，传真的使用方式和电子邮件非常相似，而且现在大家使用的传真已经开始转向电子传真，几乎和发电子邮件一样。发送传真时大家需要注意的也差不多，按照上面分享的策略进行就可以了。

3. 手机短信

手机现在已经成为人人必备的一种通信工具，短信则是其中的一项重要功能。每当到了节假日的时候，本人都会收到少则几十条，多则上百条的祝福短信，这一点相信大家都深有体会。

电话客户可以不听，QQ 客户可以不聊，电子邮件客户可以不看，但是手机短信客户则不可以不收，也不可以不看。只要不是某些短信端口发出的，否则一看就知道是推销短信。

一般来说，通过手机短信推荐产品只适合于某些有独特利益的产品，或者是发送具有吸引力的信息，如房地产企业的促销活动通知等，并且其中使用了专门的群发短信功能，客户资料也是经过挑选的。在纯粹的电话营销中，手机短信更多的是起到问候与联络感情的作用，就像之前谈到的节假日祝福等一样。隔一段时间发送一条手机短信，这样到了真正打电话的时候，客户因为你之前的付出不会直接挂掉你的电话，同时还有建立信赖感的作用。

在使用手机短信的时候，尽量言简意赅，一般可以控制在 70 个字以内，这样正好是一条常规短信的最多字数。同时注意，所有发送的短信一定要记得署名。很多人发短信的时候不记得署名，客户看了都不知道是谁发送的。另外，群发信息的时候，应尽量明确定义客户数据库，向潜在有效的目标客户群发送。

4. 手写信件或者卡片

随着通信方式的不断发展，可能很多人都会怀疑在如今这样一个网络时代，使用手写信件或者卡片还能够有多大的价值，毕竟使用电子邮件或者传真等方式交流速度会快许多。不过事实证明，物以稀为贵。在与客户交流的时候，尤其是与重要客户的交流，手写信件或者卡片却有着出其不意的效果。

手写信件或者卡片之所以会产生很好的效果，关键在于客户很清楚你写这封信件或者卡片是花了很多时间和心血的，并且你还要跑到邮局去买信封、贴邮票，再投递到邮筒里，这都足以证明你对于客户的诚意和感激之情。将心比心，客户会对你的付出表示尊重与回馈，这种效果是单用电话或者电子邮件所无法比拟的。

更重要的是，大家都嫌麻烦不去做，而你却做了，这样客户的感受会更加强烈。基于同样的道理，自己如果能够亲手制作一些小礼品送给客户也会有异曲同工之妙。

5. 礼品

送礼不在于金钱的多少，而在于送什么样的礼物。礼物过于珍贵，会有行贿的嫌疑，反而吃力不讨好。选择什么礼品，怎么送，这里面有大学问。以下提供几点建议供参考：

①礼品不在大小，贵在投其所好。所以，一定要分析客户的需求，根据不同情况，选择不同价值的礼品，既表达谢意，又不至于使客户尴尬。比如，有个老大级人物，平时重身份，不抽烟，送他一个烟嘴自然毫无意义了。

②选择最佳赠送礼品的时机，才能留下更深的印象。中国人最重视的两个节日——中秋和春节，是最适宜送礼的日子。

③赠送的礼品要品质优、适用性强、经久耐用，最好更具有私人性、专一性。

④礼品的包装要精致美观，吸引人。

6. QQ/微信在线聊天

现在，QQ 和微信已经成为很普遍的网络交流工具，为电话营销人员与客户进行即时沟通提供了很大的便利。虽然邮件的功能也越来越强大，但邮件传输有时容易出错，通过 QQ 和微信即时传输，可以将信息及时准确地传递到关键人物手中。同时，也可以为客户出谋划策，提供其他方面的帮助。不过，在线聊天比较费时间，电话营销人员也要注意把握好度。

7. 客户联谊

与客户共同组织联谊活动，如组织球队进行比赛、共同举办文艺演出等，体现了对客户的尊重，也是与客户建立长期关系的好办法。

某食品公司以经营山核桃为主，大部分生意都来自团购客户。为了与客户保持良好关系，公司专门组建了一支篮球队，寻找机会与客户进行篮球友谊赛。比赛结束后，由公司员工提议共进晚餐，密切交流，因为这种交流不涉及商业问题，客户感觉都很轻松，双方的关系也因此有了进一步的推进，客户还主动介绍自己的朋友与这家公司做生意。

不少企业都成立了自己的大客户俱乐部，定期举办各种主题的客户联谊活动，以进一步增强客户关系。不过，这种联谊活动所动用的资源较多，需要团队的力量，不宜常用，一般一年举办一次就可以了。

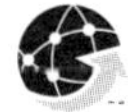

培训指导

设计跟进方案

人们常说成交是下一次营销的开始，有这样的两点论：成交是售后服务的“新起点”；成交是新一轮业务扩展的“增长点”。而做好客户的跟进维护就显得尤为重要。请完成以下任务：

（1）电话营销的跟进工具通常有哪些？你在电话营销产品时如何开展跟进工作？

(2) 针对自己的产品，编写一段手机短信对客户进行跟进。

(3) 针对不同的产品，请编写一封电子邮件对客户进行跟进。

(4) 请写一封书信对你的客户进行跟进。

(5) 请针对“康寿保”这款产品，准备一份礼物清单。

第十四章
轻松化解客户不满

工作中，电话营销人员不可避免地会遇到客户打来抱怨的电话，面对客户的抱怨和不满，电话营销人员要坚持一个原则即真诚，要学会站在客户的角度考虑问题，关注客户的情感，尊重、理解客户的感受，实心实意地为客户解决问题。

处理客户投诉的黄金法则

在电话营销中，难免会听到客户的牢骚和埋怨，有时甚至言辞激烈或出言不逊。销售人员遇到这种情况，要保持头脑冷静，应在最短的时间内恢复好自己的情绪，不要一听到客户发牢骚，自己也跟着瞎来劲、火上浇油，到最后问题没处理好，反而使形势进一步恶化。牢骚是一把双刃剑，如果能用你的耐心和技巧去化解客户的情绪，恰当地对待和处置这些问题，有时会收到意想不到的效果。要想化解客户的不良情绪，销售人员可以遵循以下几条原则。

1. 让客户发泄情绪

让客户多说，就是给客户一个发泄的机会，这样销售人员不但可以了解客户的真实想法，还可以平息客户的某些不愉快的情绪，这样双方再沟通起来就简单多了。有的客户在电话中发牢骚，有些无理取闹，让销售人员很被动。其实这部分客户大多数知道跟销售人员发泄是不合理的，好多问题也不是销售人员所能够解决的，这时销售人员要整理好自己的情绪，明白客户只是要发泄一下自己心中的不平，并非要针对你，讲完也就没事了，不用为自己去争辩，更不要为此与客户发生争吵，激化矛盾。

2. 理解客户

销售人员要对心倾听，认真思考，听明白客户牢骚背后的内容，这样才能抓住问题的关键，也好“对症下药”，不要轻易地去打断客户的谈话。

3. 注意用词和口吻，不与客户起争执

销售人员与客户交流的时候，在遣词造句上要特别注意，尽量回避一些过硬的词语。避免使用命令口吻，销售人员在向客户提问时，要使用征询性质的问句，比如“您能先交一下费吗?”避免说“您必须先交费”。

在对客户说话时，注意态度要诚恳，切勿伤害了客户的自尊心。如果客户所抱怨的事情是错误的或不切实际的，销售人员也不要反驳客户；如果客户所说的话是无关紧要的，销售人员可以一笑置之，不予理会。

4. 让客户感受到你的诚意

对于客户发牢骚所说的问题，销售人员要向客户表示歉意，减缓客户的不满情绪。例如，销售人员可以这样说：“造成你的困扰，真对不起。”“让我看一下该如何帮助您。”让客户感受到你的诚意。销售人员除了向客户道歉外，还应该立即采取补救行动，取得客户的谅解。

客户投诉处理

在电话营销康王保健按摩产品的同时会遇到各种各样的客户投诉，这是很正常的事，要用正确的态度和方法来对待。请与小刘一起完成以下任务：

（1）常见投诉分析。

面对以下几种常见的投诉将如何处理?

①你们送货速度太慢！

②××电话营销人员的态度不好。

③你们的产品质量太差。

④我要退货。

⑤我要换货。

⑥产品的一个配套零件没有给我送来。

⑦为什么没有发票？

⑧保修期为什么只有两年？

（2）设计投诉处理表格。

针对你在电话营销过程中所遇到过的客户投诉情况，设计适用的投诉处理表格。

处理客户投诉的方法

具体来说，要想圆满处理客户投诉问题，以下4个方法可供借鉴。

1. 换位思考法

作为一名电话营销人员，当你接到客户投诉时，首先需要做的事情是换位思考。

接到客户的抱怨电话时，电话营销员首先要有换位思考的意识，也就是让自己站在客户的角度来看待问题。当你表达了自己的歉意，还是不能消除客户的抱怨，就需要换位思考，给客户足够的理解和尊重，这样才会让他感动，从而能够带着理性来与你共同解决问题。

2. 三明治法

“三明治”法，顾名思义就是两片“面包”夹拒绝，也就是告诉电话营销员要学会与客户沟通时既要说“是”也要学会说“不”。这种方法通常适用于解决客户不满意、与客户协商解决方案等问题。

①第一片“面包”：“我能为您做的是……”也就是告诉客户，你会想尽一切办法来帮助他，给他提供一些可选择的空间，借此来减少客户沮丧的感觉。

②第二片“面包”：“您能做的是……”在你控制一些情况之后，向客户提出一些可行的建议。如：

“王先生，我很理解您的想法，但是如果您离开了这里，这张200卡的余额浪费了确实比较可惜。按照我们公司的规定，电话卡只有发生损坏时才可以退款，也希望您能理解。类似于您这样的情况，我可以帮您向其他买卡的人推荐一下，按照卡内的余额原价转让给他人，同时您也可以留意下您的家人或朋友有没有需要用200卡打长途电话的，您看这样行吗?”

3. 协商让步法

协商让步法是指接受客户投诉时，在调查了解有关情况的前提下与客户协商，沟通时对客户的某些观点加以认可，以便取得客户的认同。比如，可以从考虑到其他客户的需求或感受的角度来解释，作出一些让步，找出双方都能接受的方案，对客户的损失适当补偿，如免费维修、包退、包换等，通过减少客户损失的方式取得客户的谅解，赢得客户的信任。这种方法适用于受理客户投诉、与客户协商解决方案和客户对解决方案不满意等情况。在沟通中要注意用语的恰当，尽量避免说“您说得很有道理，但是……”

4. 从众心理法

从众心理法是针对不完全了解产品和服务就投诉的客户，电话营销人员利用人的从众心理，将投诉客户和其他客户的感受进行对比，让客户在心理上获得一种平衡，从而取得客户谅解的一种沟通技巧。这种方法的通用模式是：“我很理解您现在为什么会有这样的感受，其他客户也曾有过同样的感受，但是经过说明后，他们发觉这种规定保护了他们自身的利益，您觉得呢?”电话营销人员在处理客户投诉时讲究方式方法，恰当地把握分寸，既要平息客户的怨气，又要维护企业的利益，这样的做法才是最有效果的。

培训指导

客户抱怨处理记录表

由于电话投诉要及时记录，所以设计、填制、整理一系列的投诉处理表格是十分重要的。下面一些常见的处理表格可供参考（见表14－1～表14－3）。

表14－1　　客户投诉登记

<table>
<tr><td>投诉客户名称</td><td colspan="3"></td></tr>
<tr><td>投诉内容和客户要求</td><td colspan="3"></td></tr>
<tr><td>客户联系地址和电话</td><td colspan="3"></td></tr>
<tr><td rowspan="2">受理人意见</td><td>销售人员</td><td>主管意见</td><td>备注</td></tr>
<tr><td></td><td></td><td></td></tr>
</table>

表14－2　　客户投诉处理记录

受理时间	
受理方式	
接待人员	
参加人员	
处理意见	
监理中心（签字）	年　月　日
投诉单位意见	
投诉单位	年　月　日
被投诉单位意见	
被投诉单位（签字）	年　月　日

表14－3　　客户投诉

接待者		投诉日期	
客户编号		发票号码	
客户姓名		电话号码传真	

续　表

地址		销售人员姓名	
客户部经理姓名			
投诉细节			
第一次改进行动			
第二次改进行动			
改进行动人员			
投诉结果			

时间：　　　　　　　　　　　　审核：

客户打电话抱怨怎么办

在电话营销中，客户的抱怨电话对于电话营销人员来说并不陌生，如果你想做一名优秀的电话营销人员，想在电话营销领域干出一番成绩，就有必要掌握抱怨电话的接听技巧。很多时候，当你诚恳地听完客户的抱怨后，只需采用一些处理抱怨问题的技巧加以妥善处理，就能让自己轻轻松松做电话营销。既然这样，那么抱怨电话的接听技巧都有哪些呢？现在就一起来看看吧。

1. 表现专业态度，使客户产生信赖感

当客户的抱怨电话打进来的时候，你首先要做的事情是体现你的专业素质，打消客户疑虑。也就是说，你需要用诚挚的态度对待每一位打进电话的人，即使对方的火气再大，抱怨程度再高，你都应该和颜悦色地接受，这是一名电话营销人员的专业素质。你需要牢记的是，不能与对方争辩，更不能说出一些言辞激烈的带有攻击性的话。

一个专业人士表现出来的是一种不急不躁的态度，语言清晰地与客户交谈。因此你需要亲切地称呼对方的名字，这能增强你的亲和力，同时也能给客户一种找对人的感觉。最重要的是，你需要学会体谅客户的感受。如果每一个抱怨电话都让你有感同身受的体会，那么在处理抱怨电话方面，你将会增加很多有益的工作经验。

2. 询问客户抱怨的真实原因，确认其感受

客户之所以会抱怨，是因为他心里存在着诸多不满，因此，你需要开门见山地询问客户，向对方提出问题并确认问题产生的原因，弄清客户的真实感受，并留出足够的时间让对方对具体情况进行描述和说明。在耐心倾听的基础上对客户的要求给予积极的答复。在电话里，不要表现出一种很急躁而又疲惫不堪的样子，这会让客户觉得你没有诚意，还会让客户对你的公司产生不良印象。比如，你可以这样说："张女士，您能告诉我那台空调出了什么问题吗?"虽然只是一句短短的问话，却能表现出你理解客户的处境，并能体谅他们的心情。

一般来说，当投诉电话打进来时，首先听到的就是客户在发泄心中的不平乃至愤怒，这个时候你需要倾听，让客户感觉被了解和接纳，通常他们激动的情绪就会有所缓解。然后总结一下客户讲话的内容，如果你能用很简短的语言概括出对方说话的重点，就表明你一直在认真地倾听，并能够理解客户所谈论的问题，这能帮助你一点点地消除客户心中的怒火。

3. 提出一个双方都可以接受的解决方案

帮客户提出解决方案，需要你抓住客户意见的重点。客户在投诉过程中，有时由于心情不好，往往投诉的内容一大堆，但有的事实并非如此，这时就需要你冷静地分析客户投诉的重点，抓住关键问题。关键问题解决了，其他问题也就好办了。比如，你可以提出一个临时方案，接着说明这个计划对客户的好处。但要注意的是，除非在当场必须解决而且能够解决的事在当场解决外，最好不要马上作出回答，您可以这样告诉客户："等我把原因和内容调查清楚后，一定会以负责的态度处理的。"俗话说，"没有调查就没有发言权"，你这样做，一方面表明你对客户所投诉问题的重视，另一方面也给了客户冷静思考问题的时间。要知道，客户投诉时很难保持头脑冷静，经过一段时间后，也许客户的心情就会平静下来，这时你再为其解决问题或给予答复，解决问题的成功率就会大大提高。

在提出解决方案时，你不必引用先例，也不能给客户施加任何压力，或者想方设法提出用其他的东西代替对方所提的要求。你不能要求客户从你的角度看问题，因为客户没有责任和义务从你的角度看问题，而且你也没有权力这样去要求客户。

提出一个双方都可以接受的解决方案时，你可以这样跟客户说："张小姐，我们公司可以去您那里为您更换一只新的墨盒，您看这样可以吗？如果您同意的话，我们现在就安排一个合适的时间。考虑到给您带来的不便，我们将会对您进行适当的赔偿。"

4. 力求你所做的让步是一个让客户可以接受的最合适的让步

在与投诉客户进行交涉的过程中，你需要从低起点开始，但是要有抬高的准备。原则上应该是既解决客户的问题，又不给自己带来麻烦。如果你对一个难缠的客户作出巨大的让步，可能其他客户也会向你提出同样的要求，这样企业就会面临巨大的损失。所以，尽量不要一步到位作出最大的让步。对于客户提出的那些看起来无理的要求，你需要巧妙地暗示对方他的要求是没有道理的（即使仅仅在话音中透露出来）。

5. 善始善终，让客户感受你的职业素养

在结束电话之前，如果你的职业素养能在客户的脑海中留下深刻印象，一般客户下次还会再次光顾你的产品。因此，你的职业表现非常关键。比如，在电话结束之前，向客户核实一下沟通中的细节问题，告诉对方下一步会怎样，如果今后再遇到这种情况应该怎么做等。最后，向客户说出自己的姓名和联系方式，在加深客户对你印象的同时，让他们在下次想跟你沟通的时候，也能更方便地联系上你。

情景演练

客户："我有些事情需要你们处理一下！"

电话营销人员："陈先生，我有什么可以帮助您的吗？"

客户：“我购买贵公司的笔记本电脑将近一年了，最近发现电脑显示器的边框裂开了。当初购买这个电脑时，听说保修期是三年，所以，我想了解一下你们打算怎么处理？”

电话营销人员：“您是说您的笔记本电脑显示器边框裂开了？是不是？”

客户：“是的。”

电话营销人员：“请问，您平时都碰过边框吗？”

客户：“没有，我的电脑一直都被我保管得很好，既没有摔过，也没有撞过。电脑的边框是自动裂开的。

电话营销人员：“我们的电脑都是经过一道道程序精密测试的，如果不发生外力的碰撞，是不可能裂开的。”

客户：“但是它的确是自己裂开的，你们就是这样来对待客户的吗？”（已经愤怒了）

电话营销人员：“陈先生，真的很抱歉，显示器确实不在三年保修范围之内，这一点在购买协议上写得很清楚。”

客户：“那我的电脑就只能这样了？没有解决的办法了？”

电话营销人员：“真对不起，我无能为力。请问我还能为您提供什么别的服务？”（继续没有给予客户情绪上的关注，一副公事公办的样子，只会让客户觉得虚伪）

客户：“拉倒吧。”（客户心想，再也不买你们的电脑了）

当客户结束了与上面这位电话营销人员的通话后，心里越想越气，于是又给这家公司打电话，只不过这次换成另外一名电话营销人员接电话。现在一起来看看另外一位客服人员是怎么处理的。

客户：“你们的产品到底是怎么回事？我要投诉！”

电话营销人员：“先生您好，请问您究竟遇到了什么事？先不要着急和生气，把您的具体情况跟我说一下。”

客户：“是这样的，一年前我从你们公司买了一台笔记本电脑，在没碰、没撞的情况下，现在电脑显示屏的边框裂开了。我刚才打电话问过你

们，你们的一位同事说没有办法保修了，并且态度十分生硬，我感觉自己受到了不公平的待遇。”（客户大声讲）

电话营销人员：“电脑显示屏的边框裂了?!”（显得很惊奇，表示对客户投诉的内容感到很惊讶，这是对客户情绪给予关注的一种表现）“怎么会这样啊？那您现在电脑还能用吗?”（对客户表示了自己的关心，这也是关注客户情绪的表现）

客户：“用是可以用，但是得用胶布粘它!”（客户的态度已经有些变化）

电话营销人员：“我非常理解您现在的心情和感受，这的确是一件让人郁闷的事，换成是我也会不好受的。”

客户：“你说这事应该怎么办吧?”

电话营销人员：“陈先生，我相信您说的话都是真的，我也相信您电脑的边框是在没有外力碰撞的情况下自己裂开的。我很理解您，也很想帮您，只是在计算机行业中，类似问题都不在保修范围。我想这一点您是清楚的，是不是?”

客户：“其实我也并不是真想让你们给保修，但是东西坏了你们总得给一个说法吧？没想到你们第一次态度是那么差。”

电话营销人员：“陈先生，对于您刚才不愉快的遭遇我感到十分抱歉。我代表我们公司向您道歉。对于显示器边框裂开的问题，我倒有个建议。因为边框是塑料的，所以您可以用一些强力胶将它黏合上，您可以试试用胶水粘一下好不好，效果肯定要比用胶布好。”

客户：“那我回去试试吧，希望能行。”

电话营销人员：“好的！以后有什么问题，欢迎您随时来电。再见!”

在处理客户的投诉问题时，电话营销人员面临的一大挑战就是与情绪不好的客户打交道。

分析上面的情景对话，学习其中的处理技巧，然后把心得体会写下来。

真诚地处理投诉的几个有效技巧

一般来说，在处理客户投诉时，销售员的真诚主要体现在以下几个方面。

1. 聆听

鼓励客户将不满说出来，在这个过程中不要打断客户的叙述，要让客户感受到你在认真地听，常用话语如“发生了什么事情”“哦，原来是这样，您继续”等。

2. 表达同理心

要让客户感觉到你跟他是始终站在一起的，希望客户能对你产生认同感进而有效地拉近彼此间的距离，常用话语如“我理解您现在的心情”“这确实是一件让人难过的事情”“嗯，换作是我，我也会不高兴的”等。

3. 确认满意度

当提出问题的解决办法后，电话营销人员要询问客户是否接受，对这样的处理结果是否满意，比如“您看这样处理好不好呢”。

4. 真诚表示感谢

在挂断电话前，不要忘记跟客户说一句“很感谢您向我们提出这个问题……”“谢谢您及时指出我们的错误……”这些话语能增加客户被尊重、被信任的感觉，从而彻底消除客户的坏情绪。

5. 及时自我检讨

每一次客户抱怨的发生都是有其原因的，但是不论错误在哪方，电话营销人员事后都应该及时进行自我检讨，寻找自己和企业规章制度的不当之处，然后积极进行自我改进，或者向管理层反映，寻找解决问题的办法，只有这样才能做到防患于未然。

总之，销售员在处理客户投诉的过程中，任何技巧方法都是为达到客户满意服务的，而要想做到让客户满意，重要的一点就是要发自内心地理解客户，真诚地想帮客户解决实际问题，这是需要贯彻投诉过程始终的必备条件。

培训指导

情景演练

客户："是××公司销售部吗?"

电话营销人员："是的，我是销售代表×号，请问有什么可以帮到您?"

客户："找的就是你。我在你们的网站上发布了招聘信息，可是直到现在连一封应聘简历都没收到。你们的招聘效果也太差了吧!"（客户很愤怒）

电话营销人员："您别急，慢慢说。"（向客户表示自己在倾听，让客户感觉自己受重视）

客户："我们的广告在你们的网站上已经发布两天了，但是最近这两天一封应聘简历也没有收到，到底是怎么回事呀?"（语气稍有缓和）

电话营销人员："我理解您现在的心情，非常抱歉给您的工作带来了不便。您能回答我几个问题吗?"（表达同理心，真诚地向客户致歉，并通过询问的方式了解客户产生抱怨的真正原因）

客户："你说吧。"（电话营销人员态度好，所以客户的态度也跟着缓和了下来）

电话营销人员："您是哪家公司?"

客户："北京××公司。"

电话营销人员："哦，那是张先生吧。请问您在发布招聘信息的时候设置'简历转发至指定邮箱'这一项了吗?"

客户："设了，我们有专门收简历的邮箱，而且别的网站我同样发布招聘信息了，都能收到他们系统转发过来的应聘邮件。"

电话营销人员："请问您检查过没有，您的邮箱空间还有吗?"

客户："当然有了，3G的空间呢。"

电话营销人员："哦，这样呀。非常感谢您能告诉我这些情况。我会马上问一下我们的技术客服，查看一下我们的后台，看看您说的情况是怎么回事？我一会儿就打电话给您，您看好不好？"（向客户表示感谢，同时提出解决办法及反馈时间，并征询客户的意见）

客户："好吧，请你赶紧问吧。要不我们的钱不是白花了吗！"

电话营销人员："好的。非常感谢您！"（成功解决了客户的抱怨，客户接受了电话营销人员的建议）

案例中，电话营销人员用真诚的态度，最终成功化解了客户的抱怨和不满。

仔细分析案例，看看电话营销人员是如何真诚地化解了客户抱怨与不满的，然后把方法与技巧写出来。